Amour, Service & Humilité

Édition : Romain Lizé, Fleur Nabert-Valjavec
Traduction : Ombeline Lasserre et Pierre-Marie Varennes
Assistante d'édition : Hélène Durand
Maquette : Élise Borel
Relecture : Philippe Lécrivain s.j., Catherine Mas-Mézéran
Fabrication : Marie Guibert
Photogravure : Aquatre

Première édition : mars 2013
Dépôt légal : mars 2013
ISBN : 978-2-9171-4631-6
La majeure partie des citations bibliques de l'ouvrage sont issues de la Bible de Jérusalem, Éditions du Cerf.

www.magnificat.com

JORGE MARIO BERGOGLIO

PAPE FRANÇOIS

Amour, Service & Humilité

Exercices spirituels donnés à ses frères évêques à la manière de saint Ignace de Loyola

MAGNIFICAT

Paris • New York • Madrid • Oxford

Nous remercions le pape François de nous avoir autorisés à publier ce livre. C'est un document de grande valeur pour connaître l'âme et les préoccupations du nouveau Pape que l'Esprit Saint vient de donner à l'Église et à l'humanité entière. Dans ce texte, se révèle particulièrement la compréhension par l'Évêque de Rome, pasteur de l'Église universelle, du ministère des pasteurs du peuple de Dieu.

✠ *Antonio María Rouco Varela*

Cardinal Archevêque de Madrid

Président de la Conférence Épiscopale Espagnole

Préface

Cardinal Philippe Barbarin
Archevêque de Lyon,
Primat des Gaules

Que le pape François soit d'abord un jésuite profondément enraciné dans la tradition ignatienne, nul n'en doutera après avoir lu ce livre. À ses frères, les évêques d'Espagne, il prêche en 2006 une retraite, tout empreinte de la dynamique des *Exercices spirituels* de saint Ignace de Loyola. L'accent est mis essentiellement et d'abord sur le combat spirituel.

C'est une impression qui m'a déjà frappé dans l'homélie donnée par le Pape, le 14 mars, au cours de la Messe célébrée avec les cardinaux électeurs dans la chapelle Sixtine, au lendemain de son élection. Il a voulu nous montrer le mouvement de l'Église à partir de trois verbes extraits des lectures qui venaient d'être proclamées : *marcher* en présence du Seigneur (« *Allons, marchons à la lumière du Seigneur* », Is **2**, 5), *édifier* l'Église (avec des « pierres vivantes », marquées par l'onction de l'Esprit Saint) et *confesser* la foi au Christ. Aussitôt sont venus des avertissements : « Il y a des mouvements qui ne sont pas exactement ceux de la marche et qui nous tirent en arrière. » Et plus sévèrement encore : « Quand on ne confesse pas Jésus Christ, on confesse la mondanité du diable », le Prince de ce monde[1].

En l'entendant parler ainsi, je pensais aux deux célèbres méditations des *Exercices*, celle de « L'Appel du Roi temporel » qui nous « aide à contempler la vie du Roi éternel », et celle « Des deux Étendards ». À l'issue de ces méditations, le retraitant est invité à faire son choix, à offrir sa personne, et il demande au Christ la grâce de l'imiter et d'être reçu sous son étendard[2].

Aussitôt connus les résultats du cinquième scrutin du conclave que nous venons de vivre, le cardinal Bergoglio avait à répondre aux deux questions rituelles qui marquent la fin du conclave et la levée du secret : « Acceptes-tu ton élection ? » et « Quel nom choisis-tu ? »[3]. À la première, il a répondu : « Je suis pécheur et j'en ai conscience, mais j'ai une grande confiance dans la miséricorde de Dieu. Puisque vous m'avez élu ou, plutôt, puisque Dieu m'a choisi, j'accepte. » C'est bien le ton et la ligne spirituelle de cette brève déclaration que l'on retrouvera tout au long des pages suivantes. Et à la seconde : « De quel nom veux-tu être appelé ? », il

---

1 Messe avec les cardinaux, homélie du pape François, chapelle Sixtine, jeudi 14 mars 2013. (www.vatican.va)

2 *Exercices spirituels*, n° 91 (L'appel du Roi temporel) et n° 136-149 (Des deux Étendards).

3 « *Acceptasne electionem de te canonice factam in Summun Pontificem ?* », « Acceptes-tu ton élection qui fait de toi canoniquement le Souverain Pontife ? » et la deuxième question : « *Quo nomine vis vocari ?* », « De quel nom veux-tu être appelé ? » dans *Ordo Rituum Conclavis. Officium de liturgicis celebrationibus Summi Pontificis*, Ed. Civitate Vaticana, MM, n° 58 et 59, p. 73.

a répondu : « Je serai appelé François, en mémoire de saint François d'Assise. »

Alors j'ai vu se superposer dans mon esprit les figures de saint François et de saint Ignace. Certes, dans le peuple chrétien, ils ne sont pas aussi connus et aussi populaires l'un que l'autre, mais depuis longtemps je trouve que le feu intérieur qui les brûle les rapproche étrangement. Et dans la personne de notre pape François, cela est devenu pour moi manifeste.

Quand saint François se débarrasse de ses vêtements sur une place publique, à Assise, et décide de tout quitter pour épouser « Dame Pauvreté », on n'est pas loin de la conclusion (qu'Ignace appelle « colloque ») de la méditation des deux Étendards. Le retraitant se tourne vers Notre-Dame pour lui demander « qu'elle [lui] obtienne de son Fils et Seigneur, la grâce d'être reçu sous son étendard, et d'abord en une suprême pauvreté spirituelle, et non moins, si sa divine Majesté voulait [l]'y choisir et recevoir, en la pauvreté effective[4]. » Les lignes qui suivent, où l'on se déclare prêt à souffrir opprobres et injures « afin de mieux imiter le Seigneur », nous rappellent les célèbres paroles de François à frère Léon sur « la joie parfaite[5] ».

Tout cela se trouve admirablement résumé dans l'attitude de disponibilité à laquelle saint Ignace invite son

---

4 *Exercices spirituels*, n° 147.

5 Voir *Saint François d'Assise. Documents, Écrits et Premières Biographies*, rassemblés et présentés par les PP. Théophile Desbonnets et Damien Vorreux, Éditions franciscaines, Paris, 1968, Fioretti, ch. 8, p. 1200- 1203.

retraitant dès le début, dans « *Principe et fondement* » : « Nous rendre indifférents à toutes les choses créées, de telle manière que nous ne voulions de notre part, pas plus santé que maladie, richesse que pauvreté, honneur que déshonneur… désirant et choisissant seulement ce qui nous conduit davantage à la fin pour laquelle nous avons été créés[6] », à savoir la louange de Dieu et le Salut de notre âme.

La décision personnelle, choix d'un homme qui rejoint celui de Dieu sur lui, voilà un premier élément essentiel chez François comme chez Ignace.

Un second point de convergence entre eux est celui de la miséricorde. Quand saint Ignace engage le retraitant à méditer sur les péchés et leurs terribles dégâts dans nos vies, il prend soin de ne laisser avancer celui qui prie qu'en compagnie de la miséricorde. Sinon, le chemin serait trop douloureux : « Terminer par un colloque de miséricorde, réfléchissant et rendant grâce à Dieu notre Seigneur parce qu'il m'a donné vie jusqu'à présent, et me proposant de me corriger désormais avec sa grâce[7]. »

La seule façon de sortir de ses péchés, c'est d'accepter de les voir et d'avoir le courage de les confesser, pour en être délivré. Et pour parvenir à les voir, il est nécessaire de se laisser envahir par la miséricorde. Tel est le chemin vécu par saint Ignace après ses blessures

6 *Exercices spirituels*, n° 23.

7 *Ibid.* n° 61.

au siège de Pamplune et pendant sa longue convalescence. Et c'est aussi la description que saint François donne de son propre itinéraire spirituel : « Quand j'étais encore dans les péchés, la vue des lépreux m'était insupportable, mais le Seigneur lui-même me conduisit parmi eux et je les soignai de tout mon cœur. Et quand je les quittai, ce qui m'avait semblé amer s'était changé pour moi en douceur[8]. »

La miséricorde et le choix : ce sont justement les deux mots que l'on trouve dans la devise de l'évêque Jorge Mario Bergoglio, que le pape François a décidé de garder : « *Miserando atque eligendo*[9]. » L'expression est empruntée à Bède le Vénérable dans son commentaire de l'appel de saint Matthieu (Mt **9**, 9). Au moment même où le Seigneur fait miséricorde à quelqu'un, il le choisit, il l'inonde de sa grâce, et ce cadeau de Dieu devient sa mission.

C'est l'histoire de François qui, retourné par la miséricorde de Dieu dans sa prison, à Spoleto, partira sur les routes comme un pèlerin, un pauvre troubadour, annonçant l'Évangile à toute la création. C'est aussi le chemin spirituel d'Ignace de Loyola. Il rêvait de gloire et de faits d'armes, mais blessé dans son corps, puis bouleversé par la lecture des vies de saints, à Loyola, il devint un compagnon de Jésus, brûlant de communiquer à tous la joie de la miséricorde. L'un comme l'autre ont entraîné

---

8 *Saint François d'Assise*, *op. cit.*, p. 104.

9 Devise riche en sens, donc difficilement traduisible : *Objet de midéricorde et élu*, ou encore : *Appelé parce que pardonné*.

beaucoup de frères dans « la Compagnie de Jésus » et « l'Ordre des Frères mineurs ».

Le cardinal Bergoglio a expliqué que les mots de sa devise résumaient son itinéraire spirituel. Dans sa jeunesse, à un moment de choix difficile et de tiraillement intérieur, il va se confesser. Et c'est en recevant le pardon de ses péchés dans ce sacrement de la miséricorde, qu'il découvre le choix de Dieu sur lui et se décide à commencer la longue route de sa vocation. Elle l'a mis au service des plus pauvres en Amérique latine, l'a mené en Europe pour ses études, l'a rendu responsable de ses frères jésuites en Argentine, a fait de lui le pasteur du diocèse de Buenos Aires et l'a conduit enfin, le soir du 13 mars, au balcon de Saint-Pierre de Rome. Il commence ce nouveau ministère pétrinien où il continuera de servir Dieu et ses frères et sœurs de la terre entière. Et notre prière l'accompagne, puisqu'il nous le demande.

« *Miserando atque eligendo* », trois mots que le lecteur gardera en mémoire au fil de ces pages. En voyant comment le cardinal Bergoglio ramène ses frères, les évêques d'Espagne, au cœur de l'Évangile et de leur vocation pastorale, il ne manquera pas de laisser résonner en lui le même appel à la conversion.

Tous, nous avons besoin de nous approcher de la source de l'Évangile pour nous purifier et nous désaltérer, avant de reprendre joyeusement le chemin de notre service, à la suite du Serviteur !

Note sur les *Exercices spirituels* :

L'originalité de la Compagnie de Jésus — les jésuites — est de se présenter comme un corps international bien structuré, uni par une profonde amitié et une forte spiritualité, celle des *Exercices spirituels*, pour pouvoir se disperser aux frontières des mondes à la demande du Pape ou de leurs supérieurs. L'empreinte des *Exercices spirituels*, édités en 1548, est telle que, bientôt, cette méthode d'accès à la vie spirituelle devient l'une des caractéristiques du catholicisme moderne. Pour Ignace et ses compagnons, il s'agit d'un itinéraire que l'on suit à la lumière de l'Évangile, tout en étant guidé discrètement par une personne qui les a déjà pratiqués. En faisant les *Exercices spirituels*, chacun est invité, en toute liberté, à s'unir à Dieu et à trouver sa vocation propre, dans la société comme dans l'Église. Destiné à aider l'expérience d'un retraitant, le texte n'est cependant pas remis entre ses mains. C'est là, sans doute, un caractère original de la pédagogie mise en œuvre par Ignace, qui ne conçoit les *Exercices spirituels* que « donnés », introduisant ainsi dans la relation entre « le Créateur et la créature » une présence humaine, toujours attentive et pourtant toujours prête à s'effacer, sans jamais disparaître. Présence attentive, pour soutenir, confirmer, éclairer, mais « indifférente » puisqu'elle ne penche « ni vers un parti ni vers un autre », laissant le retraitant trouver lui-même « ce qui lui convient » dans le mouvement de sa propre vie. Présence prête à s'effacer, dès lors que le dialogue entre les deux personnes - celui qui donne les *Exercices spirituels* et celui qui les reçoit - aura fait percevoir le sens des « diverses agitations et pensées qu'apportent les divers esprits », et aura aidé à interpréter dans la foi les signes humains par lesquels s'exprime l'action de Dieu. Présence enfin qui ne disparaît jamais, pas plus que ne peut disparaître le texte qui a fourni le départ à chaque exercice et qui subsiste dans le fruit recueilli. Dans les pages qui suivent, le cardinal Bergoglio et futur pape François ne donne pas strictement les *Exercices spirituels* qui habituellement durent un mois ou au moins dix jours, il prêche plutôt une retraite pastorale à ses frères évêques en s'inspirant de la structure et des grandes contemplations du livret ignatien.

Philippe Lécrivain s. j.

Exercices Spirituels donnés à ses Frères évêques à la manière de saint Ignace de Loyola

Mes frères, je voudrais commencer ces *Exercices spirituels* par la citation d'un texte qui, en laissant résonner le cantique du *Magnificat,* est profondément consolateur :

> Ce qui nous fait avancer, c'est avant tout le désir de rendre grâce à Dieu et de le louer car, après tout, *« sa miséricorde s'étend d'âge en âge sur ceux qui le craignent »* (Lc 1, 50). Nous nous sentons aussi appelés à la conversion, poussés à demander et recevoir le pardon de Dieu et heureux de renouveler notre foi, notre espérance en ses promesses[10].

À l'école de la Vierge Marie, c'est par l'action de grâce, l'adoration et la louange que nous faisons mémoire de la miséricorde du Dieu qui nous soutient. Et l'espérance fondée sur Lui nous dispose à livrer le bon combat de la foi et de l'Amour, pour le peuple qui nous est confié.

Au commencement de ces *Exercices spirituels,* afin que nous soyons prêts à recevoir le don de l'espérance, il me faut beaucoup insister sur la prière au Saint-Esprit. Lui sait graver et imprimer dans nos cœurs tout ce qui est bon.

---

10 *La fidelidad de Dios dura siempre. Mirada de fe al siglo XX*, Madrid, 26 novembre 1999.

Cette espérance spirituelle est beaucoup plus que de l'optimisme. Elle n'est pas tapageuse, elle ne craint pas le silence. Au contraire, elle s'enfouit en nous comme la sève dans les racines en hiver. L'espérance est certaine, c'est le Père de la vérité qui nous la donne. Elle fait la différence entre le bien et le mal. Elle ne voue pas un culte à la réussite : elle ne verse pas dans l'optimisme ; ni ne se complaît dans l'échec : elle n'est pas pessimiste. Puisque l'espérance distingue le bien du mal, elle est appelée au combat ; et elle lutte sans anxiété ni illusion, avec l'assurance de celui qui sait qu'il poursuit un objectif certain, ainsi qu'il est dit dans la Bible : *« Nous devons rejeter tout fardeau et le péché qui nous assiège, et courir avec constance l'épreuve qui nous est proposée »* (He **12**, 1). C'est précisément ainsi que nous allons commencer ces *Exercices spirituels* : en demandant la grâce d'une espérance combative.

Le Magnificat *contre la désespérance*

Puisque la combativité de notre espérance s'exprime d'abord en un travail de discernement, il va nous falloir regarder en face les attitudes de désespérance qui, parfois, viennent se nicher jusqu'au cœur des institutions auxquelles nous appartenons. Ces attitudes de désespérance progressent en empruntant les mêmes échelons que ceux qui conduisent à se placer sous « l'étendard de l'ennemi de la nature humaine » et font advenir l'Anti-Règne[11] : elles commencent par un simple manque de

---

11 L'auteur, en employant ici l'expression « Anti-Règne », fait allusion à sa manière à la méditation des deux étendards proposée par saint Ignace de

modestie, puis passent par la vanité et elles finissent par atteindre à l'orgueil (*E.S.*, 142)[12].

Le Magnificat *se chante dans la pauvreté*

« *Le Seigneur renvoie les riches les mains vides* ». Très souvent, notre manque d'espérance est le signe de nos richesses dissimulées, de notre éloignement de la pauvreté évangélique.

Ainsi, devant la pénurie de vocations, nous faisons parfois des diagnostics de riches : riches du savoir des sciences anthropologiques modernes qui, avec leur masque de suffisance absolue, nous éloignent de l'humble prière de supplication et de demande au Maître de la moisson.

De même, devant l'ampleur et la complexité des problèmes que pose à l'Église le monde actuel, nous cherchons à déguiser en richesse la pauvreté des solutions qui sont à notre disposition.

Et l'on pourrait continuer l'énumération.

Il serait bon que pendant cette retraite nous soumettions à la prière ces signes de notre attachement à la richesse, afin que le Seigneur veuille bien nous dépouiller

---

Loyola dans les *Exercices spirituels*. Dans le texte ignatien, il n'est pas question de « Royaume » et d'« Anti-Royaume », mais de « l'étendard de Jésus Christ, notre excellent commandant en chef, et de celui de Lucifer, le plus mortel ennemi des hommes ». Nous citons donc ici les mots employés par saint Ignace dans le numéro des *Exercices* auquel se réfère précisément Jorge Mario Bergoglio. (Note de l'Éditeur)

12 La référence aux *Exercices spirituels* sera donnée au long de l'ouvrage par l'abréviation E.S. (NdE)

de ces attitudes désespérantes d'être riches, et qu'Il nous rappelle que l'espérance du Royaume ne saurait faire l'économie des douleurs de l'enfantement.

Le Magnificat *se chante dans la petitesse et l'humiliation*

Sur une terre qui n'a pas été labourée par la douleur, le fruit est condamné à l'insignifiance (Lc **8**, 13). Les vanités qui nous assaillent sont nombreuses mais la plus vaine et la plus commune chez les évêques et les prêtres est paradoxalement le *défaitisme*. Le défaitisme est une forme de vanité parce qu'en étant défaitiste, on se positionne en tant que Général en chef, mais d'une armée vaincue ! Au lieu d'accepter d'être le simple soldat d'un escadron qui, bien que décimé, continue à lutter. Combien de fois, nous évêques, faisons-nous ces rêves expansionnistes propres aux généraux vaincus ! En l'occurrence, nous renions l'histoire de notre Église qui est une histoire glorieuse car elle est faite de sacrifices, d'espoirs et de combat quotidien. La foi de nos pères s'est construite sur des ressources humaines bien précaires, mais au lieu d'en être découragés, ils en étaient vivifiés. Parce que leur espérance était plus forte que toute adversité.

Le Magnificat *se chante dans l'humilité*

Comme nous venons de le dire, l'orgueil nous a conduits parfois à dénigrer les humbles moyens de l'Évangile. Il y a un paragraphe des *Constitutions* de la Compagnie de Jésus qui s'applique parfaitement à l'Église d'aujourd'hui. Saint Ignace dit :

> La Compagnie [ou l'Église] qui n'a pas été fondée sur des moyens humains, ne peut ni se conserver ni se développer par eux, mais par la main toute-puissante du Christ, notre Dieu et Seigneur. Il faut mettre en lui seul L'ESPÉRANCE qu'il conservera et fera avancer ce qu'il a daigné commencer pour son service et sa louange et pour l'aide des âmes (*Const.*, 812).

Si le Seigneur nous accorde la possibilité de vivre ce que nous demande saint Ignace, nous aurons atteint l'humilité de nous considérer comme des intendants fidèles, et non pas comme le Maître de maison. Nous serons des humbles serviteurs, à l'image de la Sainte Vierge Marie, et non pas des princes. Cette humilité se nourrit de l'opprobre et du mépris et non de la flatterie et de l'autocomplaisance.

Voyez l'exemple évangélique des vierges sages (Mt 25, 1-13). Il me semble que cette parabole dispense un enseignement primordial pour l'Église. Vous vous rappelez que les vierges sages refusaient de partager l'huile de leur lampe. Une lecture rapide et primaire nous porterait à condamner leur mesquinerie et leur égoïsme. Une lecture plus approfondie nous montre pourtant la grandeur de leur attitude. Elles n'ont pas partagé *ce qui ne peut être partagé*... Elles n'ont pas risqué ce qui ne doit pas être risqué : la rencontre avec leur Seigneur et la rétribution de cette rencontre. Peut-être que, dans l'Église même, nous deviendrons objets d'opprobre et de mépris si, pour suivre le Seigneur, nous renonçons *à « essayer les bœufs* » ou *à* « *acheter un champ* » (Lc **14**, 18-20). À la suite de notre Seigneur, cependant, notre humilité épousera la pauvreté, puisqu'elle sera alors très proche de connaître « *cela seul qui compte* ».

– II –
Le Seigneur qui nous Établit

Au début de ses *Exercices spirituels*, saint Ignace nous met face à notre Seigneur Jésus Christ, notre créateur et sauveur[13] :

> L'homme est créé pour louer, honorer et servir Dieu, notre Seigneur, et, par là, sauver son âme, et les autres choses sur la face de la terre sont créées pour l'homme et pour l'aider dans la poursuite de la fin pour laquelle il est créé. D'où il s'ensuit que l'homme doit user de ces choses dans la mesure où elles l'aident pour sa fin, et qu'il doit s'en dégager dans la mesure où elles sont pour lui un obstacle à cette fin. Pour cela, il est nécessaire de nous rendre indifférents à toutes les choses créées, en tout ce qui est laissé à la liberté d'exercice de notre libre-arbitre et ne lui est pas défendu ; de telle manière que nous ne voulions pas, pour notre part, davantage la santé que la maladie, la richesse que la

13 Le texte qui suit, appelé « Principe et fondement », est la première méditation proposée à celui qui fait les *Exercices spirituels*. Elle met en place les attitudes fondamentales qui doivent être celles de quelqu'un qui cherche Dieu : reconnaître la fin pour laquelle il a été créé, c'est-à-dire louer, honorer et servir Dieu ; être indifférent à tout ce qui ne le conduit pas vers Dieu ; savoir que sa recherche ne sera jamais finie, qu'il lui faudra toujours faire « davantage ». (NdE)

pauvreté, l'honneur que le déshonneur, une longue vie qu'une vie courte, et ainsi de suite pour tout le reste, mais que nous désirions et choisissions uniquement ce qui nous conduit davantage à la fin pour laquelle nous sommes créés (*Principe et fondement, E.S.*, 23).

Regarder le Seigneur

Dans ce *Principe et fondement,* quand saint Ignace nous parle des attitudes qui doivent être les nôtres, en tant que créatures sauvées et qui recherchent leur Salut, il nous donne l'image du Christ, notre créateur et sauveur. Et quand il nous propose l'indifférence et la discrète générosité pour choisir « ce qui nous conduit le plus sûrement », il nous présente au « Dieu toujours plus grand » (*Deus semper major*), à celui qui est plus intime à moi-même que moi-même (*Intimior intimo meo*). Cette image du « *Deus semper major* » est la plus particulière à saint Ignace, c'est celle qui nous fait sortir de nous-mêmes et nous élève pour que nous Le louions, nous L'honorions et que nous ayons le désir de Le suivre plus et de Le servir mieux. Par ce Seigneur et pour Lui, « l'homme est créé »[14].

Avec le regard de Marie

Le regard de Marie dans le *Magnificat* peut nous aider à contempler ce Seigneur toujours plus grand. La

14 Dans ce paragraphe, comme dans le suivant, Jorge Mario Bergoglio commente le texte du *Principe et fondement* , il reprend toutes les expressions typiquement ignatiennes : « indifférence », « davantage », etc. (NdE)

dynamique du « davantage » (*magis*) inspire le rythme du *Magnificat* qui est l'hymne que l'humilité chante à la grandeur.

Cette grandeur du Seigneur, contemplée à travers les yeux purs de Marie, purifie notre regard, purifie notre mémoire dans ces deux mouvements : celui du « souvenir » et celui du « désir ».

Le regard de la Sainte Vierge est combatif dans l'ordre du « souvenir » : rien n'assombrit ni ne souille le passé, les merveilles que le Seigneur *a faites*. Il la *regarda avec bonté dans son humilité* et cet amour premier devient le fondement de toute sa vie. La mémoire de Marie est aussi une mémoire qui rend grâce.

Nous regardons avec elle nos « commencements » et nous demandons la grâce d'y découvrir comment *le Seigneur nous a aimés le premier* (*en ceci consiste l'amour*, comme le dit saint Jean).

À la lumière du Christ, *Image du Dieu invisible, Premier-né de toute créature,* [qui] *est avant toutes choses et tout subsiste en lui* (Col 1, 15.17), nous faisons mémoire de nos « débuts » :

- notre commencement en Dieu,
- le commencement de notre vie chrétienne,
- le commencement de notre vocation,
- le commencement de notre vie sacerdotale et épiscopale...

En chantant le cantique du *Magnificat,* nous sentons le regard fortifiant et fondateur du Seigneur posé sur ces commencements de notre vie. Et nous prions pour que le regard de Marie fortifie notre propre regard et qu'en lui nous osions soutenir le regard du Seigneur.

Principe et fondement de notre mission épiscopale

De l'action de grâce – l'honneur rendu au « Bienfaiteur » lui-même pour les dons reçus – jaillit la louange au Seigneur. D'une manière très spéciale, dans le cadre de notre action de grâce, nous nous arrêtons sur le *Principe et fondement* de notre mission épiscopale. Nous demandons la grâce que notre mission nous façonne de telle sorte que nous retrouvions cette certitude de foi que nous avons été créés et sauvés par le même Seigneur qui nous appelle maintenant à exercer « l'indifférence » et à chercher la discrète générosité *du plus grand service* dans cette mission spécifique.

Le refus de la mission

Dans cette méditation, vous pourrez ressentir le besoin de placer votre situation personnelle en regard de votre mission épiscopale :

- les espérances et les désespérances,
- les illusions et les désillusions,
- le découragement, les préjugés…

Je vous suggérerais de passer en revue quelques phrases qui font partie du « folklore » des prêtres et dont il est bon d'éprouver la résistance devant le Seigneur.

En voici quelques exemples, chacun en ajoutera, tirés de son répertoire personnel, suivant ce que le Seigneur lui inspirera dans la prière :

- Ce qui au début a pu être : « Je ne suis pas fait pour cela » peut s'être transformé en un : « Je ne suis plus fait pour cela » ;
- « Ce peuple, cette paroisse, ce diocèse, me fatiguent avec leurs plaintes et leurs réclamations » ;
- « Peut-être que je travaillerais avec plus d'entrain dans d'autres conditions »,
- « Si j'avais les bonnes conditions »...

Dans notre humilité se manifeste sa grandeur

La Révélation nous a conservé, pour notre consolation, la mémoire de ce lien particulier entre le Seigneur et celui à qui Il donne une mission : Moïse, Isaïe, Jérémie, Jean Baptiste, Joseph. Tous ont ressenti *l'indigence de leurs capacités* devant l'appel du Seigneur :

> *« Qui suis-je pour aller trouver Pharaon et faire sortir d'Égypte les Israélites ? »* (Ex **3**, 11)
>
> *« Malheur à moi, je suis perdu ! Car je suis un homme aux lèvres impures. »* (Is **6**, 5)
>
> *« Ah ! Seigneur Yahvé, vraiment, je ne sais pas parler, car je suis un enfant ! »* (Jr **1**, 6)
>
> *« C'est moi qui ai besoin d'être baptisé par toi, et toi, tu viens à moi ! »* (Mt **3**, 14)

> *Joseph s'était résolu à répudier Marie sans bruit, ainsi en avait-il décidé.* (Mt **1**, 19-20)

C'est la résistance initiale qui resurgit à l'occasion, la peur de la mission, cette impossibilité pour l'élu de comprendre sa vocation dans toute sa grandeur. C'est un signe de bon aloi, surtout si l'on n'en reste pas là, si l'on laisse *la force du Seigneur s'exprimer dans cette faiblesse* et lui donner fondement et consistance :

> *« Je serai avec toi et voici le signe qui te montrera que c'est moi qui t'ai envoyé. Quand tu feras sortir le peuple d'Égypte, vous servirez Dieu sur cette montagne. »* (Ex **3**, 12)

> *« Voici, ceci a touché tes lèvres, ta faute est effacée, ton péché est pardonné. »* (Is **6**, 7)

> *« Ne dis pas : "Je suis un enfant !" car vers tous ceux à qui je t'enverrai, tu iras, et tout ce que je t'ordonnerai, tu le diras. N'aies aucune crainte en leur présence car je suis avec toi pour te délivrer. »* (Jr **1**, 7-8)

> *« Laisse faire pour l'instant : car c'est ainsi qu'il nous convient d'accomplir toute justice. »* (Mt **3**, 15)

> *« Joseph, fils de David, ne crains pas de prendre chez toi Marie, ta femme : car ce qui a été engendré en elle vient de l'Esprit Saint. »* (Mt **1**, 20)

Fondés par notre appartenance à l'Église

Le Seigneur, en nous donnant notre mission, fonde notre être. Il ne le fait pas de manière purement fonctionnelle, comme celui qui donne une occupation ou un emploi quelconque. Il le fait avec la force même de son Esprit, de sorte que nous appartenons à cette mission et que notre identité en est définitivement marquée.

S'identifier, c'est appartenir... Appartenir, c'est participer à ce que fonde Jésus ; et Jésus nous fonde en son Église, dans son peuple saint et fidèle, pour la gloire du Père. Nos phrases d'évêques, à l'emporte-pièce, naissent peut-être de ce même sentiment qui était celui de Moïse, d'Isaïe, de Jean, quand ils reculaient devant leur mission. Si c'est le cas, laissons donc le Seigneur nous parler afin qu'Il remette en place notre peur, notre pusillanimité, notre égoïsme...

Se former et s'enraciner dans l'Église

À propos de ce que l'on appelait les « communautés de base », Paul VI nous a rappelé les critères de fondation voulus par Jésus pour son Église. Ces critères peuvent éclairer notre réflexion d'aujourd'hui et notre examen de conscience. L'attitude fondatrice normale est de se former dans l'Église. Des hommes enracinés dans l'Église et qui y fondent leur être, c'est ainsi que nous veut Jésus, des hommes qui :

- cherchent leur nourriture dans la parole de Dieu et ne se laissent pas emprisonner par les discours de la démagogie politique ou des idéologies à la mode ;
- sont prêts à exploiter leur immense potentiel humain ;

- évitent la tentation toujours menaçante de la contestation systématique et de l'esprit hypercritique, même sous prétexte d'authenticité et d'esprit de collaboration ;
- restent fermement attachés à l'Église locale dans laquelle ils s'insèrent, et à l'Église universelle, évitant ainsi le danger – trop réel – de s'isoler en eux-mêmes, puis de se croire l'unique authentique Église du Christ, et donc de jeter l'anathème sur les autres communautés (et hommes) d'Église ;
- gardent une sincère communion avec les pasteurs que le Seigneur donne à son Église et avec le magistère que l'Esprit du Christ leur a confié ;
- ne se prennent jamais comme l'unique destinataire ou l'unique agent d'évangélisation, voire l'unique dépositaire de l'Évangile ; mais, conscients que l'Église est beaucoup plus vaste et diversifiée, ils acceptent que cette Église s'incarne aussi dans des formes différentes de celles qu'ils promeuvent ;
- croissent chaque jour en responsabilité, zèle, engagement et rayonnement missionnaire ;
- se montrent en tout universalistes et jamais sectaires. (*Evangelii nuntiandi*, n° 58)

La mémoire des Pères dans la foi, une arme contre les doctrines subversives

Le Seigneur, notre fondateur, suscite en nous l'image du « Seigneur toujours plus grand » (*Deus semper major)* que saint Ignace propose dans le *Principe et fondement* des

Exercices spirituels. Méditons et prions aujourd'hui afin de laisser le Seigneur fonder notre être pour que, en tant que pasteurs, nous soyons, dans la mission entreprise, fondateurs de cœurs chrétiens.

Faisons mémoire de tous ces prêtres et évêques zélés que nous avons connus et qui désormais voient le visage du Christ (Jean-Paul II, *Pastores gregis*, 65). Leurs figures nous fortifieront le cœur et nous empêcheront de nous laisser séduire « *par des doctrines diverses et étrangères* » (He **13**, 9), ces doctrines qui ne fondent rien mais qui au contraire sapent le fondement solide d'un cœur sacerdotal ; des doctrines qui ne nourrissent pas le peuple de Dieu, et qui rendent très actuelles les réflexions de Dante : « Jésus Christ ne dit pas à ses premiers disciples : Allez et prêchez au monde des fables ; mais il leur donna la vérité pour fondement, et elle seule retentit si haut dans leurs paroles que, lorsqu'ils combattirent pour répandre la foi, l'Évangile leur servit de bouclier et de lance[15]. » Au contraire, au lieu de fournir bouclier et lance, ces doctrines séduisantes divisent, affaiblissent le cœur du peuple de Dieu saint et fidèle, puisque « les brebis ignorantes s'en reviennent du pâturage repues de vent[16] ». Et quand nous aurons besoin de reprendre des forces, en faisant mémoire de tous les

15 *Non disse Cristo al primo suo convento, Andate e predicate al mondo ciance ma diede lor verace fondamento : E quel tanto sono ne le sue guance : si ch' a pugnar, per acceder la fede, dell'Evangelio fero scudi e lance.* (Le Paradis, chant 29, 97-117)

16 *Si che le pecorelle, che non sanno, tornan del pasco pasciute di vento, e non le scusa non veder lor danno.* (ibid.)

bons pasteurs qui nous ont précédés, ressassons l'exhortation de la lettre aux Hébreux :

> *« Voilà donc pourquoi nous aussi, enveloppés que nous sommes d'une si grande nuée de témoins, nous devons rejeter tout fardeau et le péché qui nous assiège et courir avec constance l'épreuve qui nous est proposée, fixant nos yeux sur le chef de notre foi, qui la mène à la perfection, Jésus, qui au lieu de la joie qui lui était proposée, endura une croix, dont il méprisa l'infamie, et qui est assis désormais à la droite du trône de Dieu. Songez à celui qui a enduré de la part des pécheurs une telle contradiction, afin de ne pas défaillir par lassitude de vos âmes. Vous n'avez pas encore résisté jusqu'au sang dans la lutte contre le péché. »* (He 12, 1-4)

Dimension pastorale de la fondation de notre être dans le Christ

Jésus a instauré le règne de Dieu. Par sa parole et sa vie, Il l'a fondé de manière irréversible : Lui appartenir est pour nous une valeur inaltérable et c'est Lui qui nous fonde comme pasteurs de son peuple, qui nous veut tels. Nous ne pouvons donc faire abstraction, si l'on évoque ce sur quoi est fondé notre être, de cette *dimension pastorale* de notre vie.

Comme Marie, une fois fondés dans l'amour miséricordieux du Dieu *le plus grand*, une fois fortifiés dans notre petitesse par son regard aimant, une fois que nous avons expérimenté son salut et les merveilles qu'Il a faites pour nous, nous vient le courage de regarder l'histoire, de regarder le peuple qui nous a été confié et de le regarder avec le regard rempli d'espérance de la Sainte Vierge. Dans notre méditation, l'étude d'un document pastoral (qui est un véritable appel à nous laisser fonder à nouveau, en tant que pasteurs, par le Christ notre Seigneur) nous sera très utile. Je vous propose donc quelques passages de l'exhortation apostolique de Paul VI, *Evangelii nuntiandi*[17]. À la lumière de cette doctrine, réfléchissons sur nous-mêmes pour en tirer du fruit. Jésus Lui-même avait une mission :

> *Proclamer* de ville en ville, surtout aux plus pauvres qui sont souvent les plus accueillants, *la joyeuse annonce* de l'accomplissement des promesses et de l'Alliance proposées par Dieu, telle est la mission pour laquelle Jésus se déclare envoyé par le Père. Et tous les aspects de son mystère – l'Incarnation elle-même, les miracles, l'enseignement, le rassemblement des disciples, l'envoi des Douze, la Croix et la Résurrection, la permanence de sa présence au milieu des siens – font partie de son activité évangélisatrice. (*E.N.*, n° 6)

Par son action évangélisatrice, le Christ « annonce tout d'abord un Règne, le règne de Dieu, tellement important que, par rapport à lui, tout devient "le reste", qui est

17 La référence à l'exhortation apostolique *Evangelii nuntiandi* sera donnée au long de l'ouvrage par l'abréviation *(E.N.)* (NdE)

"donné par surcroît". Seul le Règne est donc absolu et il relativise tout ce qui n'est pas lui. » (*E.N.*, n° 8)

Le Seigneur est le fondement du Règne ; nous pourrons continuer cette méditation en examinant les différentes façons dont Jésus décrit :

- le bonheur d'appartenir à ce Règne, bonheur paradoxal fait de choses que le monde rejette ;
- les exigences du Règne et sa charte ;
- les hérauts du Règne, ses mystères, ses enfants ;
- la vigilance et la fidélité demandées à quiconque attend son avènement définitif. (*E.N.*, n° 8)

L'Esprit nous fait sentir qu'au plus profond de nous-mêmes nous appartenons au Règne du Seigneur.

Jésus fonde une communauté évangélisée et évangélisatrice

Jésus fonde une communauté évangélisée et évangélisatrice à la fois puisque :

> Ceux qui accueillent avec sincérité la Bonne Nouvelle, par la force de cet accueil et de la foi partagée, se réunissent donc au nom de Jésus pour chercher ensemble le Règne, le construire, le vivre. Ils constituent une communauté qui est à son tour évangélisatrice. La bonne nouvelle du Règne qui vient et qui a commencé est pour tous les hommes de tous les temps. Ceux qui l'ont reçue, ceux qu'elle rassemble dans la communauté du Salut,

> peuvent et doivent la communiquer et la diffuser. (*E.N.*, n° 13)

La grâce de notre vocation : l'évangélisation

> La tâche d'évangéliser tous les hommes constitue la mission essentielle de l'Église, tâche et mission que les mutations importantes et profondes de la société actuelle ne rendent que plus urgentes. *Évangéliser est, en effet, la grâce et la vocation propre de l'Église, son identité la plus profonde.* Elle a été fondée pour évangéliser, c'est-à-dire pour prêcher et enseigner, être le canal du don de la grâce, réconcilier les pécheurs avec Dieu, perpétuer le sacrifice du Christ dans la sainte Messe, qui est le mémorial de sa mort et de sa Résurrection glorieuse. (*E.N.*, n° 14)

Dans notre cas, la grâce de notre vocation, notre identité en tant que communauté évangélisatrice, réside dans le fait de nous laisser convoquer :

> Pour proclamer avec autorité la parole de Dieu, pour rassembler le peuple de Dieu qui était dispersé, pour alimenter ce peuple avec les signes de l'action du Christ que sont les sacrements, pour le mettre sur la voie du salut, pour le maintenir dans cette unité dont nous sommes, à différents niveaux, des instruments actifs et vivants, pour animer sans cesse cette communauté réunie autour du Christ dans la ligne de sa vocation la plus intime. (*E.N.*, n° 68)

En fondant des cœurs chrétiens, nous sommes fondés et enracinés dans le Christ

Notre mission, celle-là même qui nous fait peur et qui nous conduit à prononcer des phrases semblables à celles que j'ai citées plus haut, c'est évangéliser et *paître le peuple de Dieu*. Répétons-le : Jésus, en nous appelant pour cette mission, nous fonde au plus profond de notre cœur ; Il nous fonde en tant que pasteurs ; là réside notre identité. Dans l'exercice de notre ministère, nous collaborons avec le Christ pour fonder à notre tour, pour fonder des cœurs chrétiens. La merveille c'est que, en même temps, par ce même travail que nous faisons, le Seigneur fonde et enracine notre cœur dans le sien.

La piété, valeur religieuse fondatrice, herméneutique théologique fondamentale

> Cette communauté que Jésus fonde, met *objectivement l'homme en rapport avec le plan de Dieu,* avec sa présence vivante, avec son action ; elle fait rencontrer ainsi le mystère de la paternité divine qui se penche vers l'humanité ; en d'autres termes, notre religion instaure effectivement avec Dieu un rapport authentique et vivant. (*E.N.*, n° 53)

Dans cette communauté fondée par Jésus, *l'onction* née du contact personnel avec la fidélité du Seigneur de l'Histoire a toute sa place. Notre théologie doit être *pieuse* si elle veut être fondatrice, si elle veut pouvoir prétendre se laisser fonder par le Seigneur. Cette piété ne doit pas résulter d'un vernis posé sur des attitudes ou des réflexions antérieures. Non, cette piété est, pour ainsi dire, *l'herméneutique fondamentale de notre théologie*. Elle est la vie. Quand, dans notre vie quotidienne, nous ressentons la présence de Dieu, disons : « Dieu est ici » ; et quand Dieu est là, la première chose à faire est de se mettre à genoux.

C'est ensuite le rôle de l'intelligence humaine d'approfondir et d'expliquer les modalités de cette présence divine. Cela relève de la célèbre formule de saint Anselme « La foi cherchant l'intelligence » *(Fides quærens intellectum),* ou encore des anecdotes que l'on nous racontait à propos de saints qui étudiaient la théologie à genoux. Il nous sera aussi utile de nous reporter au jugement du pape Paul VI qui enseigne que « l'Évangile comprend la prédication du mystère du mal et de la recherche active du bien. Prédication, également, et celle-ci est toujours urgente, de la recherche de Dieu Lui-même à travers la prière surtout d'adoration et d'action de grâces, à travers la communion avec ce signe visible de la rencontre de Dieu qu'est l'Église de Jésus Christ, et cette communion s'exprime à son tour par la mise en œuvre de ces autres signes du Christ vivant et agissant dans l'Église que sont les sacrements ». « La totalité de l'évangélisation, au-delà de la prédication d'un message, consiste à implanter l'Église, laquelle n'existe pas sans cette respiration qu'est la vie sacramentelle culminant dans l'eucharistie. » (*E.N.*, n° 28) Nous ne devons jamais oublier que c'est cela que nous sommes appelés à fonder et que c'est sur cela que nous devons nous laisser fonder par notre Seigneur.

– III –

Le Seigneur qui Corrige et qui Pardonne

À la lecture de l'Évangile, on se rend compte que, paradoxalement, le Seigneur interpelle, corrige et punit plus volontiers ceux qui Lui sont le plus proches, les disciples et tout particulièrement Pierre, que ceux qui sont éloignés de Lui. Le Seigneur agit ainsi pour montrer que le ministère est une pure grâce, qu'il ne dépend pas des mérites de l'élu, ni de ses compétences pour la mission. Dans ce contexte d'élection gratuite et de fidélité définitive, être corrigé une fois ou l'autre, c'est recevoir de la part du Seigneur un signe d'immense miséricorde.

C'est pourquoi nous allons méditer maintenant sur nos péchés, en considérant essentiellement que le Seigneur nous a choisis de manière particulière, et qu'Il nous appelle à nous convertir et à Le suivre. Le Seigneur est toujours plus grand et quand Il nous appelle à la conversion, loin de nous diminuer, Il nous rend grands dans son Règne. De la main du Seigneur qui punit vient aussi son abondante miséricorde.

La première confession de Simon Pierre

Je vous propose comme premier point de méditation le passage de Luc sur la vocation des premiers disciples et ce que l'on appelle la première *confession* de Simon Pierre (Lc 5, 1-11). La scène se passe dans le contexte de l'évangélisation. Le Seigneur enseigne à la foule depuis la barque de Simon. Puis, Il dirige la barque vers le large, et là, Il offre à ses disciples leur première pêche miraculeuse. Devant ce prodige, Pierre se reconnaît pécheur. Et le Seigneur Lui-même le change en pêcheur d'hommes. Ainsi, dans le cœur de Simon Pierre, la conversion et la mission se trouvent-elles intimement unies ! Le Seigneur accepte son *« Éloigne-toi de moi, Seigneur, car je suis un homme pécheur ! »* (v. 8) mais Il le change en *« Sois sans crainte ; désormais ce sont des hommes que tu prendras »* (v. 10).

À partir de ce moment-là, Simon Pierre ne dissociera jamais plus ces deux dimensions de sa vie : il se dira toujours pécheur et pêcheur. Ses péchés ne l'empêcheront pas d'accomplir la mission qu'il a reçue (car il ne redeviendra jamais un pécheur isolé et enfermé dans sa culpabilité). Sa mission ne le conduira pas à dissimuler son péché, sous une attitude pharisaïque.

C'est dans cette première grâce reçue sur le lac de Tibériade que, pour Pierre, se fonderont toutes les nouvelles conversions vécues grâce aux nouvelles corrections offertes par le Seigneur. Ainsi, toute conversion du pécheur le conduit à la mission : au désir de faire gagner aux autres le pardon que Jésus lui a Lui-même fait gagner. La vraie conversion a toujours une dimension apostolique ! Toujours, il s'agit d'arrêter de regarder « ses propres intérêts » pour regarder « les intérêts de Jésus Christ ». De même nous, évêques, nous ne pouvons recevoir de véritable mission – évangéliser ou guider le peuple de Dieu – sans avoir conscience d'être des pécheurs pardonnés.

Le Seigneur nous reproche notre tendance à nous décharger des problèmes qui viennent de notre manque de charité.

Lors de la multiplication des pains, les disciples s'approchent du Seigneur avec un problème :

> « *L'endroit est désert et l'heure est déjà très avancée ; renvoie-les afin qu'ils aillent dans les fermes et les villages d'alentour s'acheter de quoi manger.* » (Mc **6**, 35-36)

C'est une demande raisonnable, mais le Seigneur y répond de manière inattendue : « *Donnez-leur vous-mêmes à manger* » (v. 37) ! Cette attitude qui consiste à se décharger du problème est caractéristique des disciples et sera corrigée plusieurs fois par le Seigneur. Ils voudront aussi qu'Il « renvoie » rapidement la Cananéenne (Mt **15**, 23) et refuseront que les femmes présentent leurs enfants pour les faire bénir (Mc **10**, 13). D'un autre côté, on voit bien que ce qui intéressait surtout les disciples était de savoir qui était le plus grand…

Avec fermeté et patience, le Seigneur les corrige. Lui-même n'a pas plus de problème à renvoyer la foule qu'Il n'est gêné lorsqu'elle Le presse de toute part. Le Seigneur ne fixe pas de limite qu'il serait interdit aux gens de franchir pour s'approcher de Lui. Il est le prochain par excellence, Celui qui vient, le Dieu avec nous, le Dieu qui sera avec nous tous les jours jusqu'à la fin du monde. Le Seigneur est ouvert aux autres. Il est proche de tous et de chacun. Il se laisse toucher par les gens qui Le réclament, Lui soutirant grâce après grâce. Toutes ces attitudes d'ouverture profonde témoignent d'un dépouillement total qui trouvera certes son expression la plus intense sur la Croix, mais que le Seigneur a su vivre aussi jour après jour.

La conversion de nos péchés, de notre égoïsme, nous engage à être disponibles pour les autres. La mission du pasteur est de « faire entrer » toutes les brebis (même celle des « autres troupeaux » dont parle le Seigneur). Elle implique cette véritable conversion de nos égoïsmes de façon à ce que, à l'heure de vérité, nous soyons bien disposés envers tous et que nous n'allions pas exclure quiconque, par étroitesse de vue ou pour divergence de caractère !

Peut-être qu'à ce stade de la méditation, il conviendrait que, en tant que pasteurs, nous passions en revue les problèmes que nous nous posons et, dans la manière dont nous nous les posons, nous nous demandions quelle marge nous laissons au Seigneur. Nous pouvons aussi nous demander si nos solutions sont des solutions pleines de foi et de charité, ou si elles sont commandées par une attitude de désinvolture pastorale qui pourrait s'exprimer ainsi : « Qu'ils se débrouillent ! » Mais attention : ce n'est pas mieux si notre préoccupation pastorale est un activisme qui prétend tout résoudre sans le

Seigneur. Le travail de serviteur fidèle se transformerait alors en affairement stérile !

Le Seigneur corrige les peurs qui proviennent de notre manque de foi

Dans le passage de l'Évangile où le Seigneur calme la tempête, les disciples Le réveillent avec un cri de doléance : *« Maître, tu ne te soucies pas de ce que nous périssons ? »* Le Seigneur, avant de calmer la tempête, les calme à l'aide d'un reproche affectueux et pédagogique : *« Pourquoi avez-vous peur ainsi ? Comment n'avez-vous pas de foi ? »* (Mc **4**, 35-41). De nouveau Il les calme quand ils se fatiguent à ramer contre le vent et qu'Il vient à eux, marchant sur la mer : *« Ayez confiance, c'est moi, soyez sans crainte. »* (Mc **6**, 50)

Le Seigneur, en les reprenant, relie leur peur à leur manque de confiance et de foi. Il veut les persuader que lui-même est plus grand que toute épreuve, toute tourmente et toute tentation. Nous ne sommes pas meilleurs que les Apôtres dans la tempête ! Dominés par le peur, nous sommes bien capables de trébucher et de tomber dans le péché. Ainsi par exemple, il y a des pasteurs qui n'accomplissent pas leur mission parce qu'ils ont peur d'être taxés d'autoritarisme. D'autres, effrayés que la communauté qui leur est confiée puisse être composée de grands pécheurs, commettent le péché de ne pas faire preuve de miséricorde et d'espérance. D'autres encore, par peur de ne pas réussir à conduire le troupeau, essayent de se tirer par le haut d'une situation difficile, par exemple dans une fuite intellectuelle ou mystique. D'autres enfin, par pusillanimité, se refusent à agir avec décision et fermeté quand il le faudrait : ils cachent et laissent passer des choses qui se transforment ensuite en épouvantables scandales.

La peur nous fait voir des fantômes, à tel point que parfois c'est le Seigneur Lui-même qui nous apparaît et nous Le confondons avec un fantôme. La foi, au contraire, nous rend sereins. Elle nous fortifie en nous évitant les réactions impulsives et incontrôlées si caractéristiques de la peur. Aussi bien d'ailleurs, des réactions de couardise que de témérité ! Eh oui, parfois la peur peut donner l'apparence du courage et nous faire commettre un péché de témérité, quand devrait plutôt régner la réserve évangélique (cf. Mc 14, 19 quand le Seigneur corrige la témérité de Pierre qui assure qu'il ne Le reniera pas).

Quand Paul VI demandait aux pasteurs d'orienter leurs efforts vers l'annonce de l'Évangile « aux hommes de notre temps », il osait relever ce qui constitue notre état d'esprit habituel : oui, nous sommes « exaltés par l'espérance mais en même temps travaillés souvent par la peur et l'angoisse » (*E.N.,* n° 1). Espoirs et peurs s'entremêlent au cœur même de notre vie d'apôtres, surtout dans les moments où nous devons faire des choix quant aux modalités de notre action. Nous ne pouvons pas prendre le risque de décider sans avoir bien discerné quelles sont nos peurs et nos espérances. En effet, ce que l'on nous demande n'est-ce pas que « en ces temps d'incertitude et de désarroi, nous accomplissions [notre ministère sacerdotal] avec toujours plus d'amour, de zèle et de joie » (*E.N.*, n° 1) ? Et une telle grâce ne relève pas de l'improvisation.

Pour nous, hommes d'Église, ce discernement transcende qualitativement toutes les connaissances que nous apportent les sciences positives, nous appelant à une vision originale, *à l'originalité même de l'Évangile*. Recouvrer cette puissance de l'Évangile est le but même de ces *Exercices spirituels*. Et voici que nous nous retrouvons ensemble, et que nous nous consolons grâce au *« réconfort mutuel d'une foi commune »* (Rm 1, 12). Par ce réconfort, nous aguerrissons notre cœur d'apôtre, précisément pour retrouver à la fois la cohérence de notre mission, notre cohésion en tant que corps apostolique, et la non-contradiction entre nos pensées, nos sentiments et nos actions.

Nous nous retrouvons ici, partageant notre foi, la foi de nos Pères, cette foi qui est *en elle-même libératrice* sans que l'on ait besoin d'y rien ajouter. Cette foi nous justifie face au Père qui nous a créés, face au Fils rédempteur qui nous a appelés à Le suivre, face à l'Esprit qui agit directement en nos cœurs. Cette foi, au moment où nous aurons à prendre des décisions concrètes, nous conduira, sous l'onction de l'Esprit :

- à une connaissance claire des *limites* de notre propre apport ;
- à être intelligents et sagaces dans les moyens que nous utilisons ;

- enfin, elle nous conduira à l'efficacité évangélique, si éloignée de l'inefficacité du repli sur soi et de l'abandon facile du combat.

Notre foi est révolutionnaire, elle est fondatrice en elle-même. C'est une foi de combat ! Certes pas pour n'importe quelles escarmouches polémiques, mais dans le cadre d'un projet discerné et guidé par l'Esprit Saint, pour le plus grand service de l'Église. Et d'un autre côté, le potentiel libérateur de notre foi lui vient non pas d'une idéologie mais précisément de son contact avec ce qui est saint : elle est hiérophanie, « manifestation du sacré ». Pensons à la Vierge qui « intercède », aux saints…

Notre foi est tellement révolutionnaire que cela la rend perpétuellement susceptible d'être mise à l'épreuve par l'ennemi. Bien sûr, il n'est pas en son pouvoir de la détruire, mais il peut l'affaiblir, la rendre inefficace, la séparer du contact avec le Très Saint, le Seigneur de toute foi et de toute vie. Alors nous risquons de tomber dans des attitutes qui, en théorie, nous paraissent bien éloignées de notre agir, mais qui, si on examine bien notre pratique apostolique, se trouvent cachées dans notre cœur de pécheur. Je veux parler de ces attitudes de facilité qui nous permettent de nous exempter à bon compte de la dure et implacable charge pastorale. Étudions quelques-unes de ces tentations.

Une des tentations les plus graves, de celles qui nous privent du contact avec le Seigneur, est la connivence avec l'échec. Face à une foi combative par définition, l'ennemi, mauvais ange de lumière, sème les *graines du pessimisme*. Personne ne peut entreprendre une lutte s'il n'est pas intimement convaincu au préalable qu'il sera le vainqueur. Celui qui part battu a perdu d'avance la moitié de la bataille. Le triomphe chrétien est toujours une croix, mais une croix dressée comme une bannière de victoire. Cette foi invincible, c'est parmi les humbles que nous allons l'acquérir et l'alimenter. Pendant ces *Exercices spirituels*, nous revient l'image de nombreux visages, visages de ceux dont nous avons la charge pastorale. Le visage de l'humble, le visage de celui qui a une piété simple, est toujours un visage de triomphe et une croix l'accompagne presque toujours. En revanche, le visage de l'orgueilleux est toujours un visage de défaite. Il n'accepte pas la croix et veut une résurrection sans en payer le prix. Il sépare ce que Dieu a uni.

Attention, l'esprit de défaite peut nous inciter à nous laisser embarquer au service de causes perdues d'avance. La tendresse combative qu'a le sérieux d'un enfant qui désire profondément devenir un saint, ou la profondeur d'une vieille dame qui récite ses prières sont absentes dans l'esprit de défaite. C'est cela la foi et c'est cela le vaccin contre l'esprit de défaite. (1 Jn **4,** 4 ; **5,** 4-5)

Le Seigneur nous réprimande pour les faiblesses qui viennent de notre manque d'espérance

La souffrance, qui se manifeste lorsqu'on accomplit la volonté de Dieu, est la condition essentielle du règne de Dieu. Il ne manque pas d'occasions où le Seigneur fait en sorte que les disciples, ou ceux qui aspirent à le devenir, en prennent conscience. Le Seigneur, face à Pierre qui voulait abandonner la croix de l'Évangile, est conduit à l'appeler « *Satan* ». Prenons le temps de méditer le passage de Mc **8,** 31-33 au cours duquel le Seigneur réprimande fermement Pierre et lui montre que, aussi vrai qu'il y a des pensées qui lui sont inspirées par le Père, d'autres pensées *« ne sont pas celles de Dieu mais celles des hommes. »*

Il est tentant de se persuader que notre mission de pasteurs peut être réalisée sans souffrances. Mais c'est précisément une tentation. Peut-être que l'expression de saint Paul *« soutenir par en dessous la communauté »* (*hupomone,* la patience, la persévérance) représente la croix silencieuse que tout pasteur doit embrasser. En tout cas, nous devons savoir que toute autre croix est un leurre qui nous empêcherait de porter celle, essentielle, qui correspond à notre mission, c'est-à-dire au poids de la communauté dont nous avons la charge. On n'invente pas sa croix, mais on ne la prend pas non plus comme une fatalité. C'est le Seigneur qui la met sur nos épaules et nous dit : « Prends ta croix et suis-moi. » Cette croix est un joug porté à deux et le Seigneur en porte la plus grosse part.

Pour porter la croix, le pasteur aura besoin de la force qui vient de l'espérance et il doit la demander par la prière. Alors, par exemple, il aura le courage de prendre les décisions nécessaires, même si elles sont impopulaires. Il aura aussi besoin de magnanimité pour mettre en œuvre de difficiles entreprises au service de notre Seigneur Dieu et pour persévérer dans leur accomplissement, sans se décourager devant les obstacles.

Avec quel critère discerner que nous ne portons pas la croix de notre mission ? Quand nous ne goûtons plus l'espérance, c'est un signe révélateur. Nous tombons alors dans la recherche de signes extraordinaires et nous perdons même la mémoire, comme les disciples d'Emmaüs, des signes que Dieu nous a donnés dans les épreuves et les difficultés de l'Église, tout au long de l'histoire. Dans l'épisode d'Emmaüs, on voit combien ce qu'« espéraient » les disciples était en contradiction avec la croix du Seigneur. Quand *il leur montre qu'il était nécessaire que le Messie souffre pour entrer dans la gloire* (Lc **24**, 26), leur cœur commence à brûler de la véritable espérance, celle qui embrasse la Croix.

Le Seigneur nous reproche notre incapacité à veiller avec Lui

L'évêque est celui qui prend soin de l'espérance en veillant pour son peuple. Quand Pierre recommande à ses presbytes : *« Paissez le troupeau de Dieu qui vous est confié, veillant sur lui, non par contrainte, mais de bon gré, selon Dieu »* (1 P **5**, 2), cette charge pastorale qu'il leur confie reprend différentes attitudes spirituelles : superviser, surveiller et *veiller*. En faisant ces recommandations, Pierre a certainement à l'esprit le souvenir du reproche que le Seigneur lui fit la nuit du début de la Passion :

« Simon, tu dors ? » (Mc **14**, 37-38). Le Seigneur veut que nous veillions avec Lui.

Cette veille peut revêtir différents aspects. C'est l'attitude spirituelle de l'*episkopè* qui met l'accent sur la supervision du troupeau avec un « regard d'ensemble » : il est attentif et veille à tout ce qui maintient la cohésion du troupeau. Ce peut être aussi l'attitude spirituelle qui consiste à mettre l'accent sur la surveillance, « en étant à l'affût des dangers » : c'est l'*episkopè* qui, comme un guetteur, sait donner l'alerte quand le danger se fait imminent. Ces deux attitudes sont l'essence de la mission épiscopale. Elles acquièrent toute leur force lorsqu'elles intègrent le fait que l'essentiel consiste à *veiller*. Une des images les plus parlantes de cette attitude est celle du livre de l'Exode où il est dit que Yahvé veilla sur son peuple la nuit de Pâque, que l'on appela la « nuit de la veille ».

> *Cette nuit durant laquelle Yahvé a veillé pour les faire sortir d'Égypte doit être pour tous les Israélites une veille pour Yahvé, pour leurs générations.* (Ex **12**, 42)

Je souhaite pointer ici la profondeur particulière que revêt le fait de *veiller*, par rapport à une supervision plus large ou à une surveillance plus ponctuelle. Superviser fait plutôt référence à la surveillance de la doctrine et des rites dans leurs expressions et leur pratique, alors que *veiller* renvoie plus au soin que l'on mettrait à s'assurer qu'il y a du sel et de la lumière dans les cœurs. Surveiller est lié au fait d'être attentif à un danger imminent, *veiller* au contraire signifie supporter avec patience les processus par lesquels le Seigneur gère le salut de son peuple. Pour surveiller, il suffit d'être réveillé, astucieux et rapide. Pour *veiller*, il faut en plus avoir la mansuétude, la patience et la constance de la charité éprouvée. Pour superviser, il faut inspecter tout avec soin, sans négliger les détails. Pour *veiller*, il faut savoir voir l'essentiel.

Superviser et surveiller impliquent la nécessité d'un certain contrôle. *Veiller*, en revanche, implique l'espérance. C'est l'espérance du Père miséricordieux qui veille au développement du cœur de ses enfant. Il les laisse faire leur propre chemin (de prodigalité ou d'accomplissement), attentif à préparer une fête, pour que, à leur retour à la maison, ils retrouvent les bras et le dialogue d'amour dont ils ont besoin. Cette veille dans l'espérance de l'*episkopè* se manifeste de manière concrète dans la prière de bénédiction (cf. Ps **63,** *7* ; **119** ; **148**) au cours de laquelle il intercède pour obtenir la bénédiction de ses enfants, comme le dit Moïse à Aaron de cette si belle manière :

> *Voici comment vous bénirez les Israélites. Vous leur direz : « Que Yahvé te bénisse et te garde ! Que Yahvé fasse pour toi rayonner son visage et te fasse grâce ! Que Yahvé te découvre sa face et t'apporte la paix ! » Qu'ils mettent ainsi mon nom sur les Israélites, et je les bénirai.* (Nb **6,** 24-27)

Dans cette prière, qui est en soi une « interprétation de l'espérance », *veiller manifeste et consolide l'« assurance »* (la *parrêsia*) *de l'évêque*. Cette *parrêsia* qui consiste à annoncer la force de l'Évangile, de l'Espérance, sans *« réduire à néant la croix du Christ »* (1 Co 1, 17).

À côté des deux grandes images qui ouvrent et ferment l'histoire du Salut, qui l'embrassent, celle de Yahvé qui veille sur le grand exode du peuple de l'Alliance et le Père miséricordieux qui veille, attendant le retour à la maison de ses fils, il y a une autre image, plus proche et familière, mais d'égale importance : celle de saint Joseph. En Joseph nous retrouvons l'*episkopè* fidèle et prévoyant placé par le Seigneur à la tête de sa famille. C'est lui qui veille jusque dans leur sommeil sur l'Enfant et sa mère, avec la tendresse du serviteur fidèle et discret, qui remplit les devoirs du Père. De cette profonde *veille* de Joseph, surgit cette vision d'ensemble silencieuse, capable de prendre soin de son petit troupeau avec de faibles moyens (il transforme une mangeoire pour les animaux en berceau du Verbe incarné !). De cette profonde *veille* jaillit aussi le regard vigilant et astucieux qui parvient à éviter tous les dangers qui guettent l'Enfant.

Reprenons en esprit toutes ces réprimandes qu'à juste titre le Seigneur nous fait et demandons-nous ce qu'Il veut nous révéler à travers elles. Et réfléchissons sur nous-mêmes pour nous amender, pour progresser. Ne craignons pas ces réprimandes, elles sont la preuve de la proximité que nous avons avec le Seigneur. Qu'Il puisse nous corriger, comme Il a corrigé Pierre, est le signe de notre amitié avec Lui et de notre zèle apostolique !

Il serait profitable de conclure par un dialogue sincère avec le Seigneur, la Sainte Vierge ou avec Dieu notre Père, en examinant sa patience et sa grandeur d'âme. Il nous supporte et nous corrige en nous faisant grandir toujours, sans jamais nous déprécier ou nous éloigner de son jugement ni de son estime. Remplis de contrition pour la dureté de notre tête et notre lenteur à Le comprendre, nous disons comme Pierre : *« Seigneur, tu sais tout, tu sais bien que je t'aime »*. Tandis que nous offrons notre contrition, nous sentons que le Seigneur nous encourage à nouveau et nous dit : *« Pais mes brebis »* (Jn **21**, 17).

– IV –

L'Esprit du Monde ou « l'Anti-Règne »

« N'aimez ni le monde ni ce qui est dans le monde. Si quelqu'un aime le monde, l'amour du Père n'est pas en lui. Car tout ce qui est dans le monde – la convoitise de la chair, la convoitise des yeux et l'orgueil de la richesse – vient non pas du Père, mais du monde. Or le monde passe avec ses convoitises ; mais celui qui fait la volonté de Dieu demeure éternellement. » (1 Jn **2**,15-17)

« Nous savons que nous sommes de Dieu et que le monde entier gît au pouvoir du Mauvais. » (1 Jn **5**, 19)

Avant ces versets, l'Apôtre nous rappelle notre victoire : *« Ne craignez pas le monde », « nous sommes fils de vainqueurs »*. Prenons le temps de lire ces textes bien lentement, pour prendre des forces. Même la tendresse contenue dans l'expression *« petits enfants »* (**2**, 1.12.14.18.28 ; **3**, 7.18 ; **4**, 4 ; **5**, 21) est un doux souffle de force qui nous prémunit contre le risque d'être effrayés quand nous entrons dans le combat, ou quand seulement nous y pensons.

« Je vous ai dit ces choses, pour que vous ayez la paix en moi. Dans le monde vous aurez à souffrir. Mais gardez courage ! J'ai vaincu le monde. » (Jn **16**, 33)

Ce qui fait de nous des croyants et qui nous donne la force de lutter contre le monde, c'est précisément la mémoire du salut que nous avons reçu. C'est l'heure du triomphe et de la glorification de Jésus : *« Voici venue l'heure où doit être glorifié le Fils de l'homme »*, *« C'est maintenant le jugement de ce monde ; maintenant le Prince de ce monde va être jeté dehors »* (Jn **12,** 23.31). Le Prince de ce monde n'a pas de pouvoir sur le Christ (Jn **14,** 30), parce qu'il est déjà jugé (Jn **16,** 11).

Quand nous faisons mémoire du triomphe du Christ, nous rendons vivante cette réalité : notre victoire contre le monde est celle de la foi (1 Jn **5,** 4). Pour autant, nous avançons vers le combat avec vaillance. Nous avançons « en vainqueurs », nous efforçant de suivre le conseil de saint Paul : *« Veillez, demeurez fermes dans la foi, soyez des hommes* (viriliter agite), *soyez forts »* (1 Co **16,** 13). Nous savons bien que nous pouvons confier au Seigneur toutes nos préoccupations, puisqu'Il veille sur nous, même quand le diable rôde autour de nous (cf. 1 P **5,** 7-8).

Saint Jean nous exhorte à ne pas aimer le monde, ce monde autonome par rapport à Dieu, ce monde qui est objet de possession dans tous les sens du terme. Le monde qui fut créé pour nous permettre d'aller vers Dieu se transforme en un « monde » mauvais, qui méconnaît la Seigneurie du Christ. Cette déchéance du « monde » est la conséquence de la concupiscence : quand le « désir » se transforme en « concupiscence », alors oui, nous pouvons parler d'« esprit du monde ».

L'esprit du monde

Jésus nous met en garde contre l'esprit du monde. Il le définit comme l'esprit de ceux qui étouffent la Parole (Mt **13**, 22), comme le père de ces fils beaucoup plus avisés que les fils de la lumière (Lc **16**, 8). Cet esprit du monde porte notre cœur concupiscent vers la chair, les regards, la confiance orgueilleuse dans la possession des biens terrestres (cf. 1 Tm **6**, 9 ; Jn **7**, 18). L'esprit du monde est père de l'incrédulité et de toute impiété. C'est précisément le dieu de ce monde qui a fermé son propre cœur (2 Co **4**, 4), qui est sous l'influence d'une sagesse mensongère. Il est incapable de dépasser la frontière de son propre égoïsme : « *Où est-il, le raisonneur de ce siècle ? Dieu n'a-t-il pas frappé de folie la sagesse du monde ?* » (1 Co **1**, 20). « *Pourtant, c'est bien de sagesse que nous parlons parmi les parfaits, mais non d'une sagesse de ce monde ni des princes de ce monde, voués à la destruction.* » (1 Co **2**, 6)

Saint Paul insiste sur ce conseil : « *Ne vous modelez pas sur le monde présent* » (Rm **12**, 2). Plus littéralement : « *n'entrez pas dans les schémas du monde* ». C'est un avertissement à nous qui étions pécheurs et avons connu le Seigneur : « *Et vous qui étiez morts par suite des fautes et des péchés dans lesquels vous avez vécu jadis, selon le cours de ce monde, selon le Prince de l'empire de l'air, cet Esprit qui poursuit son œuvre en ceux qui résistent... Nous tous d'ailleurs, nous fûmes jadis de ceux-là, vivant selon nos convoitises charnelles, servant les caprices de la chair et des pensées coupables* » (Ep **2**, 1-3). C'est ainsi que le péché endurcit notre cœur, nous rendant iniques.

La Vanité

C'est bien le propre de l'esprit du monde que de nous rendre vaniteux. La vanité ! cette maladie du cœur, tellement subtile que les Pères du désert l'assimilaient à un oignon parce que, disaient-ils, il est difficile d'en détruire le noyau : on l'effeuille pelure après pelure mais il en reste toujours quelque chose. Un cœur vaniteux est une terre d'accueil pour les formes « ecclésiastiques » de l'indiscipline et de la désobéissance, qui enlaidissent le visage de notre sainte Mère l'Église. Il n'y a pas à chercher loin derrière n'importe quelle posture épiscopale relevant du moralisme, de l'angélisme ou de l'irénisme, pour trouver un cœur faible et vaniteux qui, au fond, prétend réduire *a minima* l'importance de la conduite du peuple de Dieu qui lui a été confié.

C'est aussi la vanité qui est la mère des désormais classiques morcellements de l'Église en courants, faiseurs d'un Évangile « déchiré par des querelles doctrinales, des polarisations idéologiques, ou des condamnations réciproques entre chrétiens, au gré de leurs vues différentes sur le Christ et sur l'Église et même à cause de leurs conceptions diverses de la société et des institutions humaines » (*E.N.,* n° 77). Et ce sont encore ces postures, filles de la vanité, qui scandalisent inutilement les autres, surtout s'ils sont faibles dans leur foi, « en lançant des affirmations qui peuvent être claires pour les initiés, mais qui pour les fidèles peuvent être source de trouble et de scandale, provoquant une blessure dans leur âme » (*E.N.,* n° 79). Et ainsi, on va se déchirant au sein même de notre Mère l'Église... détruisant « la preuve de crédibilité » que le Christ nous a confiée : « *Qu'ils soient un, afin que le monde croie* » (Jn **17**, 21).

> Au sein même de l'Église – prototype jusqu'à aujourd'hui du sacré et de l'intangible, de ce qui seul est réellement solide et stable – on introduit la contestation et le dénigrement, la division entre chrétiens, le risque de la sécularisation et de la politisation de l'Évangile, les désorientations de la plupart, la perte de l'identité propre de la vie consacrée, le danger de briser l'unité dans la doctrine et la discipline. Et tout ceci au nom de Jésus Christ et par fidélité à l'Évangile[18] !

La déstabilisation des fidèles et des hommes de bonne volonté est évidemment accentuée lorsque la division est ouvertement prêchée. Il se trouve ainsi des chrétiens, prêtres et religieux, qui « s'assemblent dans un esprit de dénigrement acerbe de l'Église qu'ils stigmatisent volontiers comme "institutionnelle" et à laquelle ils s'opposent comme des communautés charismatiques, libres de structures, inspirées par le seul Évangile. Leur posture est donc clairement celle de la contestation à l'égard de l'Église visible, sa hiérarchie, ses signes extérieurs. Ils contestent radicalement cette Église. Dans cette ligne, leur inspiration principale devient très vite idéologique,

18 Card. E. Pironio, *Meditación para tiempos difíciles*, éd. Patria Grande, Buenos Aires, 2005, 2.

et il est rare qu'ils ne soient pas bientôt la proie d'une option politique, d'un courant, puis d'un système, voire d'un parti, avec tout le risque que cela comporte d'en devenir les instruments » (*E.N.,* n° 58). Ils finissent par remettre en cause leur appartenance à l'Église, puisqu'ils se persuadent que leur propre projet se substitue à celui de notre Mère l'Église (*E.N.,* n° 60). Ils décident d'implanter l'idée qu'ils ont eux de l'Église, mais pas pour « implanter l'Église » (*E.N.,* n° 28).

Entre ces péchés du monde contre la vérité de l'Église, il s'est formé de nos jours une sorte de zone peccamineuse dans laquelle nous pouvons facilement tomber : je veux parler des réductionnismes dont les objectifs, les moyens et les tactiques ne sont qu'humains. Déjà à son époque, Paul VI attirait notre attention sur ce lieu de combat et de danger. Nous pouvons de manière fructueuse méditer sur ce qu'il nous dit dans les paragraphes n°s 32, 33, 35, 37 et 58 de *Evangelii nuntiandi*.

> C'est pourquoi, en prêchant la libération et en s'associant à ceux qui œuvrent et souffrent pour elle, l'Église – sans accepter de circonscrire sa mission au seul domaine du religieux, en se désintéressant des problèmes temporels de l'homme – réaffirme la primauté de sa vocation spirituelle, elle refuse de remplacer l'annonce du Règne par la proclamation des libérations humaines, et elle proclame que même sa contribution à la libération est

> incomplète si elle néglige d'annoncer le Salut en Jésus Christ. (*E.N.*, n° 34)

Peut-être nous faut-il accepter de souffrir un peu devant le Seigneur, en Lui demandant pardon, pour tant de fois où, dans notre tâche de pasteurs, nous avons péché dans ce domaine. Le mal que nous pourrions avoir fait en tombant dans ces naïvetés est un mal qui se propage. Et si nous nous trouvons en faute, que le Seigneur nous conduise à une ferme contrition et nous accorde la grâce de l'esprit de pénitence et de réparation.

Dans les *Exercices spirituels*, après nous avoir fait méditer sur le péché en général et sur nos propres péchés[19] en particulier, saint Ignace nous invite à faire trois colloques ou conversations spirituelles :

> Le premier à Notre-Dame, afin qu'elle m'obtienne la grâce de son Fils et Seigneur pour trois choses : que je sente une connaissance intérieure de mes péchés et que je les aie en horreur ; que je sente le désordre de mes opérations, afin que, pris d'horreur, je m'amende et je m'ordonne ; que je connaisse le monde, afin que l'ayant en horreur, j'écarte de moi les choses mondaines et vaines. Terminer ce premier colloque par le *Je vous salue Marie*. (*E.S.*, 63)

19 Il s'agit de la conclusion de la première semaine des *Exercices spirituels* où le retraitant a été conduit à découvrir la miséricorde de Dieu qui a fait de lui un « pécheur pardonné ». (NdE)

Ensuite, il nous fait faire les trois mêmes demandes au Fils, puis au Père.

Mon attitude face au monde doit être fondamentalement la même que face à mes propres péchés, aux racines peccamineuses en moi, et à mon péché principal : clairvoyance et aversion ! Cette attitude seule peut conduire à l'amendement. Alors, peut se forger en nous cette faculté si solidement chrétienne, dans ce domaine précisément : la capacité de juger. Le *« oui, oui... non, non »* que Jésus nous enseigne implique une maturité spirituelle qui nous sauve de la superficialité de l'être faible. Un chrétien doit savoir ce qu'il peut accepter et ce qu'il doit condamner. On ne peut pas « dialoguer » avec l'ennemi de notre Salut : il faut lui faire face, en le combattant jusque dans ses intentions.

La liturgie nous fait adresser cette demande au Père : « Lave-nous des traces de notre ancienne vie de péché » (oraison des laudes du mardi, troisième semaine de l'Avent). Nous pouvons conclure notre prière par cette demande, en nous rappelant que la grâce que nous demandons est déjà accordée par la promesse du Seigneur Lui-même : *« Car j'écarterai de ton sein tes orgueilleux triomphants »* (So **3**, 11).

– V –

Le Seigneur qui nous Appelle et qui nous Forme

Quand il médite sur le Royaume, saint Ignace introduit les contemplations de la vie de Jésus par un grand appel[20]. La vie du Seigneur est en elle-même un appel. Elle nous dit : « Viens et suis-moi ! » Elle nous attire à la suite du Fils dans sa montée vers le Père, montée qui passe par la Croix. Oui, la vie du Seigneur est appel ! Notre vie, en réponse, consistera à nous mettre à sa suite. Pour nous laisser former par notre Maître, pour que Jésus, doux et humble de cœur, façonne notre cœur à l'image du sien.

Suivre le Seigneur sur le chemin des Béatitudes

Pour nous, suivre le Seigneur revient à accomplir ses commandements. Jean l'affirme clairement : *« À ceci nous savons que nous le connaissons : si nous gardons ses commandements. […] Celui qui prétend demeurer en lui doit se conduire à son tour comme celui-là s'est conduit. »* (1 Jn **2,** 3.6) Gardons les commandements, ce qu'Il nous demande de vivre : les *Béatitudes* du Royaume, contre l'illusion des attitudes avares de générosité.

---

20 L'auteur fait allusion ici à la seconde semaine des *Exercices spirituels* qui s'ouvre par la contemplation : « L'appel du roi temporel aide à contempler la vie du roi éternel. » Le retraitant est appelé ici à faire un saut qualitatif. Il doit passer d'une cause humanitaire (service du roi temporel) au partage de la vie et du service de Dieu. Choisir et s'unir à Dieu ! (NdE)

« Qui dit : "Je le connais", alors qu'il ne garde pas ses commandements, est un menteur; et la vérité n'est pas en lui. » (1 Jn **2**, 4) C'est le deuxième mensonge tandis que l'état de péché de l'âme païenne est le premier mensonge, ou mensonge originel. Prétendre que nous connaissons Dieu sans nous mettre réellement à sa suite, voici le deuxième mensonge. Et nous, pasteurs du peuple de Dieu, il peut nous arriver de vivre dans ce deuxième mensonge.

Dans le *Principe et fondement* des *Exercices spirituels* nous demandions la grâce de rendre justice à Dieu, en Le reconnaissant comme créateur. Maintenant nous sommes face au Seigneur sauveur. Qu'il nous soit donné la grâce de Lui rendre justice en Le reconnaissant comme tel ! Mais que signifie « Lui rendre justice en Le reconnaissant comme Sauveur », que signifie « recevoir une mesure débordante de Sa justice salvatrice » ? C'est simplement accepter les voies que le Seigneur a choisies pour le salut : le chemin des Béatitudes. Dans la vision ignatienne, réaliste quant au combat spirituel, les Béatitudes se résument à la pauvreté et aux humiliations : « Injures, opprobres et pauvreté », disait Ignace (*E.S.*, 98).

Suivre Jésus dans notre travail pastoral

Dans la réalité de tous les jours, l'humiliation et la pauvreté, c'est de *travailler* pour assumer la loi commune à tous, qui nous rend égaux les uns aux autres. En effet, notre inclination naturelle nous pousse à ne pas vouloir nous réjouir ou souffrir avec et comme les autres. Pour rester fidèles au service du Royaume, nous devrons nous efforcer d'embrasser ce qui, pour des yeux égoïstes, est humiliation et pauvreté.

Mais suivre de près Jésus c'est aller plus loin, c'est Le suivre sur le chemin qu'Il a parcouru le premier, vivre comme Il a vécu :

> Ma volonté est de conquérir toute la terre des infidèles ; c'est pourquoi qui voudra venir avec moi doit se contenter de se nourrir comme moi, de boire et de se vêtir de même ; pareillement, il doit peiner avec moi pendant le jour et veiller pendant la nuit pour qu'ainsi il ait ensuite part avec moi à la victoire, comme il a pris part aux peines[21]. *(E.S.,* 93)

Suivre Jésus de près, c'est faire tout cela par amour, en ayant conscience que sans Lui nous ne pouvons rien faire (Jn **15**, 1-5). Sans mettre de conditions à l'appel du Seigneur (cf. Lc **9**, 23-26 ; 57-62). En ayant la conviction que le Fils de l'homme n'a nulle part où reposer sa tête, que la mort n'arrête pas la vie, et que celui qui se souvient, avec nostalgie, *« des aulx et des oignons d'Égypte »* n'est pas digne du Royaume.

Le style du travail apostolique : je veux, je désire, c'est ma décision déterminée

Suivre Jésus qui invite à entrer dans le Royaume, c'est *Le suivre dans notre travail* pastoral. Nous allons

21 C'est l'appel du « roi temporel ». Il faut être attentif aux nombreux « avec » et « comme » : « Avec lui dans la peine, avec lui dans la joie ! » (NdE)

achever cette méditation en nous offrant nous-mêmes dans notre travail, nous le ferons grâce aux paroles que saint Ignace utilise pour expliquer l'originalité du travail apostolique : « Je veux et je désire et c'est ma décision déterminée[22]. » (*E.S.*, 98)

« Je veux » s'oppose à la velléité ; « je désire » s'oppose à l'acédie[23], et « la détermination bien arrêtée » à l'inconstance. Cette fière affirmation de saint Ignace est à l'opposé de désirs fugaces et impérieux qui ne sont qu'inconstance dissimulée et symptômes avérés de l'acédie spirituelle.

Rendre justice au peuple de Dieu suppose d'être tout à fait constants dans la conduite du troupeau, dans la réponse aux demandes parfois épuisantes de recevoir l'onction divine à tout moment : sacrements, bénédiction, paroles... Le peuple fidèle fatigue son pasteur car il lui demande des choses concrètes, alors que ce qui nous plaît est peut-être plus le travail, qui permet un refuge dans l'imaginaire. Nous sommes les rois et seigneurs de notre esprit et si nous nous occupons exclusivement de cultiver notre imaginaire, nous ne pourrons jamais sentir l'urgence du concret. Le travail pastoral dans nos diocèses et nos paroisses est bien autre chose ! Bien sûr, il suppose réflexion et travail intellectuel mais, fondamentalement, la majeure partie du temps doit être consacrée aux œuvres de charité.

---

22 Il s'agit de mots qui appartiennent à l'offrande que le retraitant fait de lui-même au terme de la contemplation du Règne. (NdE)

23 État de torpeur spirituelle qui se manifeste par l'ennui, le découragement, le dégoût pour la prière. (NdE)

La charité nous est alors éminemment nécessaire pour répondre avec le même enthousiasme aux gens qui viennent demander les choses les plus variées : l'un veut savoir s'il peut revenir sur un engagement, un autre demande un baptême à la cathédrale, un autre une messe des défunts tel jour, et non tel autre. Les gens sont si exigents dès lors que l'on touche à la religion ! Il est normal qu'une personne fidèle dans l'accomplissement de ses engagements chrétiens, sociaux et familiaux, exige la même fidélité dans l'attention pastorale de ceux qui sont naturellement chargés de la dispenser. Le prêtre et l'évêque ne s'appartiennent pas. Ils pourront de temps en temps se réfugier dans d'autres choses mais toutes leurs « autres choses » s'effondrent quand ils sont confrontées à la mère de famille qui leur fait traverser des quartiers entiers ou marcher des kilomètres pour bénir sa maison.

Nous devons être justes avec le peuple de Dieu.

La constance apostolique qui crée l'institution.

La constance apostolique se base sur la volonté bien déterminée. Bien plus, quand dans un groupe la volonté s'affermit, il se forme alors une institution. Parce que rien ne peut marcher correctement entre les êtres humains sans institutions. Le véritable gouvernement est celui qui légifère, celui qui donne à son peuple un héritage de normes pour qu'il se gouverne à l'avenir. L'Église est visible, ce n'est pas simplement de l'air. Église visible signifie qu'il y a une organisation perceptible par tous.

Une institution pastorale a un corps et une âme, c'est une tradition et un charisme, c'est une histoire et un présent. Nous pourrions être tout seul dans une mission, l'Église serait là. Chaque membre du corps reproduit en lui l'institution dans sa totalité. L'Église recherche toujours les organisations vivantes, où l'Esprit agit, car la tradition morte ne sert à rien. Ce n'est pas la vocation de l'Église que d'avoir une organisation uniquement formelle, fondée sur le travail administratif ou le culte des chiffres. Nous avons besoin de la loi mais c'est l'Esprit qui vivifie. Pour autant, il n'est pas non plus dans l'ordre de l'Église de laisser les choses aller au gré de l'inspiration de chacun et des événements.

Quelle est la source des institutions ecclésiales, qu'elles soient missions, paroisses ou ordres religieux ? Il n'y en a qu'une, une seule, chérie par notre Seigneur Jésus Christ. Comme toutes choses du Seigneur, elle est donnée en secret et elle pousse comme la graine soigneusement gardée par la main de Dieu seul. L'unique et exclusive source des institutions visibles de l'Église ce sont les *sacrements* nés du côté du Christ et parmi eux, l'eucharistie et le baptême qui la prépare.

On a parfois parlé de sacramentalisme, en l'opposant à l'évangélisation (*E.N.*, n° 47). On a oublié qu'ici, dans l'administration des sacrements avec l'appui solide d'un catéchisme global, il y a une *organisation cachée* au sein du peuple fidèle de Dieu. Que recherche une institution pastorale si ce n'est parfaire la grâce du baptême pour étendre le règne du Christ ? Que veut une mission ou un diocèse pour ses paroisses ? Ne cherchent-ils pas à consolider la vie ? Et comment consoliderions-nous la vie sans la pleine institution sacramentelle, dont « la fécondité admirable de la grâce et la sainteté sont l'expression de la vie surnaturelle » ? (*E.N.*, n° 47) Voilà ce qui sous-tend notre constance apostolique, créatrice des institutions. Il me semble que les mains d'un missionnaire, d'un curé, d'un évêque, plutôt que d'effectuer des gestes routiniers, devraient trembler d'émotion quand elles baptisent car elles posent les gestes indiscutables qui bâtissent les institutions.

La fidélité apostolique est une des dimensions institutionnelles de l'Église, et nous devons la défendre contre toute acédie par notre travail constant, fruit de la promesse : « Je veux, je désire et c'est ma décision déterminée », que nous faisons aujourd'hui devant le Seigneur. Je m'arrêterai un peu sur le vice anti-apostolique que constitue l'acédie, qui ronge notre mission de pasteurs du peuple fidèle.

L'acédie

Toute acédie fonctionne comme une sorte d'utopie ; une façon de ne pas se soucier « des temps, des lieux et des personnes » dans lesquels s'ancre concrètement l'action pastorale. Un philosophe dirait qu'on prétend être hors de l'espace et du temps. L'acédie peut prendre plusieurs formes dans notre vie de pasteur et il est indispensable d'en être conscient pour pouvoir la discerner sous les atours qui la camouflent. Parfois c'est la paralysie, quand on n'arrive plus à assumer le rythme de la vie. D'autres fois, elle atteint le pasteur saltimbanque qui, dans ses va-et-vient, montre une incapacité à se fonder lui-même en Dieu et dans l'histoire concrète à laquelle il est attaché. Elle apparaît aussi chez ceux qui élaborent de grands plans sans s'attacher aux moyens concrets de les réaliser ; ou au contraire, chez ceux qui se laissent engluer dans les petites choses du quotidien, sans parvenir à les transcender au plan de Dieu. L'épitaphe de saint Ignace est ici appropriée : « Ne pas être limité par le plus grand, se contenter du minimum, ceci est divin » (*Non coerceri a maximo, contineri tamen a minimo, divinum est*) ! Il faut bien voir que l'acédie est facteur de division, car ce qui unit c'est la vie, et ceux que l'acédie a gagnés n'assument pas la vie.

Il faut reconnaître que l'acédie nous rend souvent visite et qu'elle est une menace effective qui pèse sur notre vie quotidienne de pasteurs. Savoir humblement qu'elle existe en nous doit nous pousser à nous nourrir de la Parole de Dieu qui nous donne la force de vouloir, de désirer et de toujours nous déterminer librement. Ainsi, le « commandement nouveau » demande-t-il un engagement total. Nous savons que la haine est vaincue par l'amour, et la violence par la tendresse :

Au moment où le retraitant est invité à entrer dans la contemplation du *Règne,* saint Ignace l'invite à une « composition de lieu » : « Ce sera ici voir avec la vue de l'imagination, les synagogues, les bourgs et les villages où prêchait le Christ notre Seigneur » (*E.S.,* 91). Annoncer l'Évangile est un travail qui demande de la constance apostolique où joue à plein le « je veux, je désire et c'est une décision déterminée ». Il ne suffit pas de dire comme le jeune homme riche : *« Tout cela, je l'ai observé dès ma jeunesse »* (Mc **10,** 20). Le *« Viens et suis-moi »* est comme celui de Pierre qui, l'entendant, laissa tout (Lc **18,** 28-30).

Se consumer jour après jour dans le service pastoral

Seul celui qui a su échapper à la velléité, à l'acédie et à l'inconstance, pour se consumer dans le service pastoral, à longueur de journées et tous les jours que Dieu fait, seul ce pasteur peut comprendre avec le cœur le prix de notre rachat par le Christ. Ses mains de travailleur protègent et font grandir l'unité de l'Église, cette participation à Dieu qui fait de nous des fils du Père, frères entre nous et pères du peuple de Dieu. Seul le travailleur infatigable sait, dans son « je veux, je désire et c'est ma décision déterminée » comment conserver « l'unité immaculée de l'Église », ainsi que l'appelait saint Ignace d'Antioche (Lettre aux Éphésiens, **2,** 2).

De la même manière que notre péché acquiert sa dimension réelle quand il est confronté au Seigneur, la loi acquiert sa grandeur réelle quand nous suivons le Seigneur. On peut commencer à Le suivre par simple curiosité : *« Maître, où demeures-tu ? »* (Jn **1,** 35-51) ; mais cela se termine toujours dans le dépouillement le plus absolu. *« Quand tu étais jeune, tu mettais toi-même ta ceinture, et tu allais où tu voulais ; quand tu auras vieilli, tu étendras les mains, et un autre te ceindra et te mènera où tu ne* *voudrais pas »* (Jn **21**, 15-23). On ne peut suivre Jésus que dans la fatigue de tous les jours, avec des croix et des agonies (Mc **14**, 33) avec les joies et les consolations (Mc **9**, 2), en contemplant toujours le Seigneur.

> *« Fixant nos yeux sur le chef de notre foi, qui la mène à la perfection, Jésus, qui au lieu de la joie qui lui était proposée, endura une croix, dont il méprisa l'infamie, et qui est assis désormais à la droite du trône de Dieu. »* (He **12**, 2)

Concluons notre prière en faisant *l'offrande de nous-mêmes au travail*. Toute la cour céleste est présente. Mon oblation se fait publique devant l'Église triomphante, pour le Salut du peuple de Dieu :

> « Éternel Seigneur de toutes les choses, je fais mon offrande : avec votre faveur et votre aide, en présence de votre infinie bonté et en présence de votre mère glorieuse et de tous les saints et saintes de la cour céleste, je veux, je désire, et c'est ma décision déterminée, pourvu que ce soit votre plus grand service et votre plus grande louange, vous imiter en endurant tous les outrages, tout blâme et toute pauvreté aussi bien effective que spirituelle, si votre très sainte Majesté veut me choisir et me recevoir en cet état de vie[24]. » (*E.S.*, 98)

---

24 L'auteur cite ici la prière de l'Offrande qui clôt la contemplation du Règne. On peut remarquer que, dans les pages qui précèdent, il n'a cessé de la commenter à sa manière. (NdE)

– VI –

Le Seigneur qui nous Forme

Entre la première et la seconde semaine des *Exercices spirituels*, c'est-à-dire juste avant la contemplation du Royaume, Ignace de Loyola a placé des « Additions pour mieux faire les exercices et pour mieux trouver ce qu'on désire » (*E.S.*, 73-90). Ensuite viennent les contemplations de la vie cachée du Seigneur, au cours desquelles il nous fait demander « une connaissance intérieure du Seigneur qui pour moi s'est fait homme, afin que je l'aime et le suive *davantage* » (*E.S.*, 104). La dynamique de cette structure [Additions – Règne – Vie cachée] est formative : le Christ se forme en nous (cf. Gal 4, 19) et nous nous formons à l'intérieur des liens d'amitié que l'on a vus se tisser avec lui dans la contemplation du Règne :

> « Qui voudra venir avec moi doit peiner avec moi, pour que me suivant dans la peine, il me suive aussi dans la gloire ». (E.S., 95)

Nazareth est une dimension permanente de l'homme apostolique

Il n'est pas convenable de considérer les trente ans de la vie cachée de Jésus comme un stade préparatoire de sa vie publique : c'est la synthèse même de toute la vie du Seigneur. Parfois, nous croyons que notre temps de formation correspond à notre vie cachée et que notre vie publique a commencé après que nous ayons reçu le sacerdoce. Il n'en est pas ainsi. Nazareth est une dimension permanente dans l'homme apostolique. Celui qui veut plus d'action a besoin de plus de contemplation. Celui qui doit prendre plus de décisions dans le Christ a besoin d'une bonne formation dans le Christ. Nazareth est comme la pierre de touche qui permet de mesurer la profondeur de notre apostolat.

C'est pourquoi nous pourrions parler de Nazareth comme d'une force cachée qui fait de notre apostolat une force authentique d'institutionnalisation de l'œuvre du Royaume. Nazareth nous rend corps et membres d'un Corps. La vie cachée nous permet d'atteindre la cible, et de ne pas être une flèche perdue en l'air. Elle nous met au travail pour cimenter l'histoire, et non se disperser dans des « emplois occasionnels » apostoliques sans racines.

Croissance de la Parole en nous, en tant que formation permanente

L'évangéliste Luc insiste sur le mystère de « l'Enfant qui grandit » et il reconnaît encore ce mystère dans les Actes des Apôtres : *« La Parole de Dieu allait grandissante et se multipliait »* (Ac **12,** 24 ; **19,** 20). Nous qui, il y a des années, avons commencé notre vie apostolique, sommes-nous toujours habités par l'espérance de nos commencements ? Sommes-nous convaincus que la Parole peut encore croître et se renforcer en nous-mêmes, convaincus que le Seigneur a encore de nombreux trésors de contemplation à nous communiquer ? Avons-nous toujours le désir fervent de « grandir », jour après jour, au service du Seigneur ? Par exemple en nous maintenant à niveau et en nous renouvelant dans une formation permanente ?

La vie cachée comme lieu du premier amour

On sait par expérience qu'au stade de la vie cachée, les tentations ne sont pas moins nombreuses, et que les idéaux du début s'usent vite : *« Mais j'ai contre toi que tu as perdu ton amour d'antan »* (Ap **2**, 4). Et la mémoire des *« merveilles que fit le Seigneur »* s'estompe tout aussi vite. Nous sommes conscients de la lutte que nous devons livrer pour être loyaux dans le service de Jésus et dans notre appartenance à l'Église. Malgré tout, les contemplations de la vie cachée sont le lieu où rafraîchir le premier amour, où nous reconnecter à la source du Salut, à cet amour de Marie qui conçoit le Verbe, à l'amour de Marie et de Joseph qui le soignent et le forment à Bethléem, à Nazareth et en Égypte. Quel inestimable repos pour l'âme de pouvoir redevenir un simple disciple, redevenir un enfant qui a besoin d'être soigné et formé, particulièrement pour celui qui doit exercer le rôle de maître, de pasteur, de juge, de tête ! Et dans la proximité du Seigneur, nous sommes toujours des disciples, toujours des enfants.

La vie cachée renouvelle en nous l'espérance en calmant tout découragement ou anxiété.

Quand cette ferveur contemplative pour la vie cachée refroidit, nous sentons passer près de nous, quand ils ne se nichent pas dans notre cœur, le découragement et le désenchantement, comme si tout était déjà vieux, fini. Survient alors l'inertie, ou au contraire, l'anxiété qui pousse à vouloir faire toutes les choses comme si elles étaient nouvelles, comme si elles n'avaient pas d'histoire, sans mémoire. C'est à ce moment que les conflits propres à notre époque peuvent miner notre espérance, la réduire à un pur concept, l'amoindrir.

La vie cachée nous rend la qualité de la charité contre tout activisme

D'autres fois encore, en voulant donner une réponse aux problèmes du monde d'aujourd'hui, nous nous jetons dans une action apostolique qui est soit activiste, soit purement temporelle. Comme si toute notre charité d'hommes d'Église s'évaluait en fonction de la quantité de temps que nous accordons à l'action ou aux organisations apostoliques que nous sommes capables de faire avancer : un peu comme si on arrachait l'action apostolique à la *qualité maternelle de l'Église !*

La vie cachée nous fortifie dans la foi en apaisant toute anxiété possessive

Finalement, l'exigence de notre nature d'hommes, nés pour être féconds, nous secoue de l'intérieur et peut nous conduire à prendre possession de tous ceux que nous aidons à grandir dans le Christ, à vouloir les faire nôtres, comme si nous voulions posséder le troupeau plutôt que de le conduire : on cherche sournoisement à ce que nos fidèles nous soient attachés, plus à nous qu'à l'Église. Notre foi de pasteurs devient alors intéressée, possessive et méfiante.

Toutes ces tentations, et les autres, nous les connaissons bien et chacun de nous en a fait l'expérience dans ses propres observations concrètes. Elles limitent notre croissance en Dieu, elles nous ferment même des horizons, réduisant notre vision à la pauvreté de notre conscience.

Ainsi sommes-nous, avec notre vie quotidienne, notre loyauté et nos péchés, nos illusions et nos tentations. Il faut donc que nous nous approchions de la crèche de Jésus avec le désir d'être touchés par sa grâce et que celle-ci nous aide à continuer à grandir à son service. En tant qu'« esclaves indignes », comme dit saint Ignace, nous renouvelons *notre espérance* en observant qu' « un Enfant nous a été donné » au cœur de la vieillesse de la famille humaine. *Notre charité apostolique* pourra se renforcer devant la fécondité d'une Vierge mère. Et nous pouvons aussi tourner nos regards vers saint Joseph. Lui qui paternellement se charge de l'enfant qu'il n'a pas engendré, nous incite à avoir plus de foi dans notre paternité religieuse spécifique.

Méditation avec saint Joseph

Le « Dieu toujours plus grand » qui nous invite à Le suivre est un Seigneur qui nous prend au sérieux et peut prendre en charge notre faiblesse, notre pusillanimité. Il sera bon d'écouter le *« N'aie pas peur ! »* du Seigneur. Lorsqu'Il nous dit *« N'aie pas peur ! »*, c'est comme s'Il nous disait « Aie confiance ! » Cette parole atteint nos cœurs et nous sauve.

Dans les évangiles de l'enfance, Dieu dit souvent à saint Joseph et à la sainte Vierge : *« N'aie pas peur. » L'ange du Seigneur apparut en songe à Joseph et lui dit : "Joseph, fils de David, ne crains pas de prendre chez toi Marie, ta femme : car ce qui a été engendré en elle vient de l'Esprit Saint"* (Mt **1**, 20). N'aie pas peur de Le reconnaître, de L'intégrer à la lignée de David, parce qu'Il vient du Saint-Esprit et Il sauvera son peuple. Au fond, il lui dit : « Ne te défie pas de Marie. » Dans un autre rêve, l'Ange l'avertit de craindre pour la vie de l'Enfant et pour protéger sa vie, il lui dit de craindre Hérode et de fuir. La peur, ici, c'est celle de « s'occuper de » (Mt **2**, 13 -15). C'est comme si nous entendions : Ne crains pas d'entreprendre n'importe quelle tâche afin de protéger cette vie, de sauver la vie de cet Enfant. Joseph recevra ensuite l'ordre de revenir et l'évangéliste note qu'à son retour, en apprenant que le fils d'Hérode régnait en Judée, il « eut peur » (Mt **2**, 22) et ayant reçu confirmation en songe, il a changé de route.

On peut résumer ainsi ce qui fut dit à Joseph : accepte la mission de Dieu, laisse-toi conduire par Dieu, embrasse les difficultés, pour sauver le Sauveur. Joseph sauve la réputation de Marie, la lignée de Jésus, l'intégrité de l'enfant, son enracinement en terre d'Israël… Mais en même temps, il fut le premier sauvé par Dieu d'une conception de la justice fermée au dessein divin, d'une vie isolée, d'une vie qui aurait peut-être été moins agitée mais qui aurait été privée de la consolation de porter Dieu dans ses bras.

En relisant le chapitre 11 de la lettre aux Hébreux avec les yeux et le cœur de Joseph, nous pourrons ruminer en esprit les *« N'aie pas peur »* du Seigneur :

- N'aie pas peur de dépasser ce qui se voit pour aller vers ce qui n'apparaît pas.
- N'aie pas peur de Caïn, parce que même mort, tu parleras.
- N'aie pas peur de t'approcher de Dieu, parce qu'il existe et il récompense ceux qui le cherchent.
- N'aie pas peur de sauver ta famille et de condamner le monde.
- N'aie pas peur d'espérer vivre dans la cité dont l'architecte et le constructeur est Dieu.
- N'aie pas peur d'être soumis à l'épreuve, même si cela te coûte ton premier-né.
- N'aie pas peur de croire que par la force de Dieu, les murs ennemis s'écrouleront.

Derrière ce : *« N'aie pas peur ! »*, il y a : « N'aie pas peur de prendre ta croix et de Me suivre. » Et paradoxalement il y a une crainte que nous devons garder jalousement : *« Craignons donc que l'un de vous n'estime arriver trop tard, alors qu'en fait la promesse d'entrer dans son repos reste en vigueur. »* (He 4, 1)

Le *« N'aie pas peur ! »* du Seigneur devient un « Prends courage ! » Avec la lettre aux Hébreux et ses symboles, nous pouvons exprimer ainsi ce « Prends courage ! » :

- avoir le courage de conquérir la Patrie, même si, pour ce faire, nous devons nous sacrifier personnellement ;
- avoir le courage d'édifier la Cité, même si nous devons abandonner l'idée que nous nous étions faite de celle-ci ;
- nous réjouir de ce que le scalpel de Dieu nous façonne un visage, même si cela doit effacer certains rictus auxquels nous tenons.

Le courage dont il s'agit ici c'est accueillir la force de Dieu qui est *parresia* (assurance, bravoure) et joyeuse humeur ; c'est la sage bonhommie qui nous enseignera, comme à Joseph, à « saluer la Promesse de loin »[25].

---

25 Référence à Abraham « qui a su saluer les promesses de loin et se rejouir en pensant au Jour de Jésus » (cf. Jn 8, 56). Joseph a connu la même expérience du « Jour » de Jésus, en ce sens qu'il est mort avant la vie publique, la Passion, et la résurrection glorieuse du Sauveur. (NdE)

– VII –

Le Seigneur qui Combat, pour nous et avec nous

Dans la seconde semaine des *Exercices spirituels,* la contemplation des mystères de la vie publique du Seigneur commence avec la méditation des « Deux Étendards[26] ». C'est une méditation en forme de programme et ce programme est un combat.

Le Seigneur nous envoie au combat spirituel. C'est un combat à mort qu'Il a entrepris et dans lequel nous sommes invités à trouver notre champ de bataille ultime, conscients qu'il s'agit de la guerre de Dieu, une guerre « contre l'ennemi de la nature humaine » ainsi qu'Ignace appelle le Démon. C'est aussi la guerre de « l'ami de la nature humaine », du Seigneur Jésus, qui veut nous conquérir pour Dieu et veut récapituler en Lui tout ce que la création a de bon pour l'offrir au Père, à la louange de sa gloire.

Quel est l'enjeu de cette guerre ? C'est de savoir si dans mon cœur, mais aussi dans celui de l'Église et dans celui de l'humanité tout entière, le Royaume des Cieux va être instauré, avec sa loi d'amour et avec la manière de vivre du Seigneur : pauvreté, humilité et service. Ou bien, si c'est le Royaume de ce monde qui va triompher, avec ses lois et ses valeurs de richesse, de vanité et d'orgueil.

---

26 Nous avons déjà fait allusion à cette méditation à la note 2. (NdE)

Dans une démarche qui lui est propre, saint Ignace nous fait contempler les mystères de la vie du Seigneur, afin que Celui-ci nous fasse connaître en quel état ou genre de vie Il veut se servir de nous (*E.S.* 135). Et si nous avons déjà choisi un état de vie, réformons-le pour le meilleur. La question ne porte pas sur les responsabilités à exercer ou les « postes de service », mais sur quelque chose de plus profond et définitif : c'est une question sur mon *état de vie*, qu'il faut comprendre non pas comme une enveloppe extérieure mais comme un principe vital : en quel état de vie, ou par quelle réforme de mon état de vie, mon cœur deviendra-t-il *davantage* « ami de Jésus », sera-t-il plus semblable à Lui, plus pauvre, plus humble et plus serviable ? Dans quel état de vie, ou par quelle réforme dans mon état de vie, l'amour de Jésus prendra-t-il définitivement racine en moi ?

Le cadre objectif dans lequel nous pouvons nous poser cette question est la lutte à mort entre les deux Étendards, celui du Christ et celui de Lucifer. Le cardinal Martini[27] parle de « deux projets de vie » opposés : « vie et mort, progrès et dégradation de l'existence humaine ». Deux programmes pour lesquels la loi du « plus ceci et moins cela » ne vaut pas. Ne fonctionne que la loi des purs contraires : ou l'un, ou l'autre. Nous concevons souvent les situations pastorales dans leur aspect linéaire ou évolutif : du mal au bien, du bien au mieux ; ou régressif : du bien au moins bien, et puis au

---

27 Cardinal Carlo Martini, *Mets de l'ordre dans ta vie - Méditations sur les « Exercices spirituels » de saint Ignace*, Cerf, Coll. « Épiphanie », 1996, p. 111.

mal. Ce faisant, nous nous plaignons quand le développement n'est pas bon ou qu'il est trop lent. De là vient notre amertume lorsque nous faisons le constat de l'affaiblissement de la foi, de la baisse de la pratique dominicale… et nous comparons notre situation actuelle aux temps passés qui étaient meilleurs. Nous courons alors le risque de rendre statique quelque chose qui est en mouvement.

Nous oublions que la vie du chrétien est une lutte permanente contre le pouvoir séduisant des idoles, contre Satan et ses entreprises visant à conduire l'homme à l'incrédulité, à la désespérance, au suicide moral et physique. Nous oublions que la voie chrétienne ne se jauge pas seulement à la longueur du trajet parcouru, mais aussi à l'ampleur de la lutte, aux difficultés rencontrées, aux obstacles surmontés et à la férocité des attaques qu'elle a essuyées.

C'est pourquoi, aujourd'hui, il est si complexe de juger de la vie de la foi. Il ne suffit pas de se référer aux statistiques sociologiques dans leur aspect quantitatif : nombre de chrétiens, nombre de pratiquants réguliers, etc. Il faut aussi considérer la lutte parfois dramatique qu'un chrétien doit livrer chaque jour, pour continuer à croire et à agir selon l'Évangile.

La méditation des « Deux Étendards » nous montre que le Seigneur nous voit comme son peuple qui livre le bon combat contre l'ennemi, et Il est plein de compassion. Il nous donne du courage, Il nous soutient et nous console. Le Seigneur est le Général en chef qui donne courage aux siens dans la bataille. Il remotive et réconforte continuellement tous et chacun, parce qu'Il sait combien est dure la lutte et combien l'ennemi, le Malin, est sans foi ni loi.

Cependant, combattre au coude à coude aux cotés du Seigneur est source d'une grande joie. Et cette joie nous permet d'échapper aux nombreuses frustrations qui découlent inévitablement d'une conception de la « gestion » pastorale calquée sur celle de l'entreprise. Nous devons demander au Seigneur la grâce de chérir cette perception dramatique de la vie chrétienne. Certes sa formulation est dure à entendre, mais au cœur des combats, elle produit des fruits de joie et de paix. D'autres formulations plus « pacifistes » ou conciliatrices sonnent bien à l'oreille mais ne consolent pas dans la pratique.

Le discernement spirituel[28]

> « *Bien-aimés, ne vous fiez pas à tout esprit, mais éprouvez les esprits pour voir s'ils viennent de Dieu, car beaucoup de faux prophètes sont venus dans le monde.* [...] *Vous, petits enfants, vous êtes de Dieu et vous les avez vaincus. Car Celui qui est en vous est plus grand que celui qui est dans le monde.* » (1 Jn 4, 1-4)

Cet avertissement de saint Jean nous invite à la sagacité. Dans le combat pour le Royaume, nous ne pouvons pas nous permettre d'être naïfs. Cette sagacité conduit à la sagesse et s'exerce dans un discernement, qui n'est

28 Le discernement spirituel qui est au cœur de la spiritualité ignatienne s'enracine dans une longue tradition, comme le montre ici l'auteur. (NdE)

pas un simple exercice de l'esprit. Dans un cœur bien disposé par la présence agissante du Saint-Esprit, le discernement est la capacité à reconnaître l'œuvre de Dieu et les tentations du Démon. Seule l'ouverture d'esprit à l'action de Dieu rend possible un tel discernement. L'esprit superficiel, imbu de lui-même, en est incapable : il se laisse leurrer par l'apparence de vérité dont se parent tous les prophètes du mensonge et de la vaine gloire.

Le discernement ne consiste pas non plus à assister à un va-et-vient de réactions intérieures, comme si elles étaient autonomes.

Toute « motion de l'esprit » a une origine :

> Je présuppose qu'il y a en moi trois sortes de pensées : l'une qui m'est propre, qui naît de ma seule liberté et de mon seul vouloir ; et deux autres qui viennent du dehors, l'une qui vient du bon esprit et l'autre du mauvais. (E.S. 32)

Pour discerner nos pensées, il faut dévoiler leur origine et leur direction, mais sans se laisser tromper par l'esprit mauvais et en suivant toujours les inspirations du Seigneur. Finalement, le discernement ne s'exerce pas à partir d'une posture aseptisée, comme si nous étions spectateurs d'un combat qui nous est étranger. On accède au discernement en adhérant fondamentalement au Seigneur, avec le désir de « se vaincre soi-même et d'ordonner sa vie sans se décider par aucun attachement qui soit désordonné[29]. » (E.S. 21)

29 C'est là la définition qu'Ignace de Loyola donne des *Exercices spirituels*. (NdE)

Le mauvais esprit divise toujours et nous sépare de Jésus. Il nie l'unité. Les divisions mettant en cause le Christ et son Église sont le signe de la présence des antéchrists et du Démon. Toute forme de division, de manichéisme, rejoue le péché des premiers anges, auxquels une tradition théologique attribue la négation du projet de l'Incarnation. Au contraire, confesser que le Verbe de Dieu s'est fait chair, sans confusion ni division, vient de l'Esprit de Dieu. Cela attire notre attention sur le fait que, tout au long de l'histoire de l'Église, toute déviation a une incidence forte sur le Corps du Seigneur : que ce soit au sujet de l'Eucharistie, des pauvres (qui sont le corps souffrant du Christ), ou de l'Église comme corps, particulièrement dans son union avec son Chef, *la tête*.

Nous exerçons notre discernement en nous fondant sur la foi dans le Verbe de Dieu fait chair, né de la Sainte Vierge Marie par l'œuvre du Saint-Esprit, qui a souffert, qui est mort sous Ponce-Pilate, et qui est ressuscité le troisième jour. Nous discernons en nous fondant sur la foi au Christ, vrai Dieu et Vrai Homme dont la nature humaine est sans confusion ni division (*indivise et inconfuse*), unie à sa divinité.

Connaissance intime des ruses du Démon

Saint Ignace propose de mettre l'accent sur la sagesse et la sagacité :

> Demander la connaissance des tromperies du mauvais chef et l'aide pour m'en garder ; ainsi que la connaissance de la vraie vie, qu'en-

> seigne le souverain et vrai capitaine, et la grâce de l'imiter. (E.S. 139)

Connaître « la vraie vie » consiste à se placer sous « l'Étendard du Christ », à se préparer à Le suivre en tant que nous serons vainqueurs (1 Jn **2**, 4-20), renouvelant sans cesse notre foi dans le fait que cet étendard est la bannière de la victoire. En effet, il faut prendre garde qu'au cours du combat contre l'apparence et la vanité des pseudo vérités du Malin, nous ne soyons trompés par le « mauvais ange de lumière » (2 Co **11**, 14). Nous connaîtrions alors la pire des défaites : commencer à suivre « l'Étendard du Christ » et, petit à petit, passer de l'autre côté… Et quelle défaite que d'avoir perdu « la charité première» ! (Ap **2**, 4 ; Jr **2**,2). C'est la pire tentation pour nous évêques : une fois qu'on a été établi majordome de la maison, on roue de coups les journaliers ! « *Et l'état final de cet homme devient pire que le premier.* » (Lc **11**, 26)

Richesse, vaine gloire et orgueil

L'engrenage dans lequel cherche à nous faire tomber le démon est toujours le même au départ : richesse, vaine gloire et orgueil. De là proviennent tous les péchés et tous les vices.

> Considérer le discours qu'il [Lucifer] leur adresse et comment il leur enjoint de lancer filets et chaînes ; qu'ils doivent d'abord tenter par la convoitise des richesses, comme cela arrive le plus souvent, pour que les hommes

> en viennent plus facilement à l'honneur vain du monde, et ensuite à un immense orgueil. De sorte que le premier échelon soit celui des richesses ; le second, celui de l'honneur ; le troisième celui de l'orgueil ; et à partir de ces trois échelons, il entraîne tous les autres vices. (E.S. 142)

Cette stratégie du démon était déjà à l'œuvre dans les tentations de Jésus au désert (Lc 4, 3). On la retrouve se manifestant dans toute la tradition chrétienne.

Discernement des idolâtres et connaissance intime du Seigneur

Il nous faut guerroyer sans cesse pour suivre notre Seigneur de toujours plus près. Le discernement est l'arme essentielle de ce combat. Nous ne pouvons pas faire confiance à n'importe quel esprit. Nous devons discerner s'il vient bien de Dieu. C'est pourquoi il y a un lien très étroit entre le fait de suivre le Seigneur, et la connaissance que nous avons de Lui. Mieux nous Le connaissons, mieux nous reconnaissons le timbre de sa voix. Au départ, nous apprenons à Le connaître de par une certaine sympathie ou *connaturalité*, qui n'est rien d'autre que la présence du Saint-Esprit qui fait avancer notre « cœur inquiet » vers son repos. C'est le même élan de notre cœur qui, chemin faisant, nous dévoile encore davantage le Cœur et le mystère de Jésus. C'est bien pour cela que, pour conduire notre troupeau à connaître Dieu et à Le servir plus fidèlement, nous devons insister davantage sur les dispositions du cœur que sur le travail de l'intelligence : « L'œil de notre intention doit être simple, regardant uniquement ce pour quoi je suis créé… » (E.S. 169).

Seul le cœur transparent voit Dieu (Lc **11**, 34 ; Mt **5**,8).

Différentes idolâtries

Lorsque nous suivons le Seigneur, nous pouvons nous laisser aller à, peu ou prou, abandonner la lutte ou la vigilance. C'est alors que se manifeste souvent une tentation larvée pour l'idolâtrie. Celle-ci consiste à faire du Seigneur, ou des dons qu'Il nous fait, un objet que l'on peut faire entrer dans nos catégories égoïstes. Nous en arrivons ainsi à fabriquer des médiations inefficaces qui, au fond, deviennent des idoles sur lesquelles nous faisons reposer notre espérance. Un cœur vigilant et sagace, habité par la sagesse de l'Esprit, se méfie de la folle tendance que nous avons à vouloir instrumentaliser Dieu, afin de mieux faire réussir nos entreprises pastorales. Pour éviter cela, le cœur sagace cède humblement la place de ses divagations à la Parole de Dieu, afin qu'elle détruise les idoles qui entravent sa marche à la suite de Jésus et qui défigurent la connaissance qu'il peut avoir de Lui : « *Tu as abandonné ton premier amour ; tu entretiens des sentiments qui répondent plus à la doctrine de Balaam ; tu tolères des décisions qui sont de Jézabel, celle qui trompe les serviteurs de Dieu ; tu es mort en tous lieux, tes œuvres ne sont pas remplies de la présence du Seigneur ; tu es tiède.* » (Ap **2**, 4,14-20)

Quand on découvre que son cœur est habité par de telles idoles, qui sont comme de véritables « téraphin[30] » par la tendresse familière avec laquelle nous les adoptons, il faut écouter attentivement la récrimination prophétique contre l'idolâtrie (Is 43, 10-13) et se rappeler que Jésus a vaincu toute tentation possible, même celle qui nous fait nous approprier ses dons pour les instrumentaliser.

Suivre la bannière de Jésus révélera bien des choses cachées dans notre cœur

Briser les idoles qui sont sur le chemin même du Seigneur, c'est accepter que Jésus soit un signe de contradiction. Le croyant généreux cherche cette contradiction, parce qu'il sait que, en suivant ce critère, il ne peut pas se tromper.

> Il faut remarquer que lorsque nous sentons de l'attachement ou de la répugnance envers la pauvreté effective et que nous ne sommes pas indifférents à la pauvreté ou à la richesse, il est très profitable, pour éteindre cet attachement désordonné, de demander dans les colloques (malgré les mouvements de la nature) que le Seigneur daigne nous appeler à une effective pauvreté, et que nous le voulons, le demandons et l'en supplions, pourvu que ce soit pour le service et la louange de sa divine Bonté. (E.S. 157)

30 Dans les livres des Rois, ce mot, qui signifie « images », « ressemblances », est employé pour désigner les pires des idoles. (NdE)

Parce qu'Il est un signe de contradiction, en Jésus *sont dévoilés les secrets des cœurs*. Il n'y a rien de caché qui ne finisse par être manifesté. Jésus a adhéré de manière dramatique à la volonté de son Père : c'est ainsi qu'Il a combattu et vaincu. En faisant nôtre sa devise : « *Père, non pas ma volonté, mais la tienne* », en suivant au plus près sa bannière, nous aurons la révélation de nombreuses choses qui sont cachées au plus secret de notre cœur. C'est le seul chemin à prendre pour ne pas nous tromper lorsque nous essayons de discerner ce que nous ressentons, lorsque nous acceptons de comprendre ce vers quoi penche réellement notre cœur… C'est le seul chemin pour bien discerner.

Discernement du mensonge par la croix

Le mensonge qui enfle

Le mensonge, comme toute tentation venant du Malin, grandit par lui-même.

Satan nous invite à « jeter filets et chaînes » (E.S. 142) et il le fait en nous plongeant dans la confusion même, qui est aussi division (*divise et confuse*), comme « dans une grande cathédrale de feu et de fumée ». Ici se trouvent les racines qui nourrissent la croissance du mensonge en nous : la suffisance de notre jugement personnel et la crainte par respect humain (cf. Jn **8**, 55 ; **9**, 41 ; **12**, 43).

Le Démon, dès l'origine, cherche à détruire l'homme (Jn **8**, 44). Petit à petit, il prépare les cœurs, comme celui de Judas, y insufflant le désir de la trahison finale (Jn **13**, 2).

Le mensonge enfle jusqu'à la croix, où il est finalement vaincu. Dans la mesure où nous adhérons à la Croix du Seigneur, avec pauvreté, avec le désir de l'humiliation et de l'humilité, nous pourrons vaincre le mensonge du Diable, ne plus le laisser grandir davantage.

La vérité de la Croix

Dans la Croix se manifeste l'Esprit du bien dans sa plénitude, puisqu'y est manifesté que le Verbe s'est fait chair. Le démon cherche à masquer cette manifestation, cette « heure » de gloire du Seigneur, puisque son péché originel fut de rejeter une incarnation allant jusqu'à l'humiliation du Verbe de Dieu… et comme il n'a pas pu l'empêcher, il fait tout pour en empêcher la glorieuse manifestation. Ceux qui suivent en cela le Démon s'installent dans le mensonge (1 Jn **2**, 20-22, 27) ; ils ne peuvent s'ouvrir à la connaissance de Dieu (1 Jn **4**, 6). L'amour de Dieu n'est pas en eux (1 Jn **5**, 15). Une fois que la croix s'est manifestée avec la force de la résurrection, le mensonge s'affaiblit, et l'on peut entrevoir son caractère trompeur. Il n'a déjà plus de force de fascination en lui-même et, pour se maintenir, il doit avoir recours explicitement au « commerce sordide » :

> *« Ceux-ci tinrent une réunion avec les anciens et, après avoir délibéré, ils donnèrent aux soldats une forte somme d'argent, avec cette consigne : "Vous direz ceci : Ses disciples sont venus de nuit et l'ont dérobé tandis que nous dormions. Que si l'affaire vient aux oreilles du gouverneur, nous nous char-*

geons de l'amadouer et de vous épargner tout ennui." Les soldats, ayant pris l'argent, exécutèrent la consigne, et cette histoire s'est colportée parmi les Juifs jusqu'à ce jour. » (Mt **28**,12-15)

Mensonge et défaut de vigilance

Quand le serviteur laisse sa vigilance s'affaiblir, sa fidélité s'endort. Celui qui au début s'était endormi par paresse et parce que peu lui importent les affaires du Seigneur, finit par n'arrêter de faire la sieste que pour éviter de perdre sa paye. Il ne distingue plus alors le sommeil réparateur après un digne labeur, de ce qu'est la somnolence paresseuse, mensongère ou corrompue. En divisant ainsi le cœur du serviteur infidèle, le mensonge se propose de réorienter les relations entre les hommes, pour autant que ceux-ci acceptent de « jouer les endormis ». Aussi bien, le péché social peut dominer et survivre de génération en génération, grâce à notre capacité d'endormissement stipendié.

Chaque fois que l'on trouve des « structures de péché » – qui affectent plus que les personnes individuelles – on découvre des pasteurs endormis, qui ont vendu leur conscience, ou qui ont simplement perdu la capacité de contempler leur Seigneur, parce que leurs « *yeux se sont fermés de sommeil* » (Mt **26**, 43) et leurs cœurs se sont « *endormis de tristesse* » (Lc **22**, 45) par crainte de la Croix. Pauvres pasteurs qui évitent la Croix ! D'une manière ou d'une autre, niche en leur cœur la forfanterie de Pierre : « *Seigneur, je suis prêt à aller avec toi et en prison et* *à la mort* » (Lc **22**, 33), ou pire : « *Même si tous succombent, du moins pas moi !* » (Mc **14**, 29)

Celui qui est disposé à recevoir le Seigneur de tout son cœur pourra Le connaître et Le suivre[31]. En revanche, les cœurs inattentifs, dispersés, superficiels, centrés sur tout autre chose que sur l'essentiel, tuent le désir de Dieu et de communion à son Mystère. Au contraire de ces hommes qui, comme les graines perdues pour le Royaume, sont sur le bord des chemins, sur des terres peu profondes, pleines de roches et d'épines, et ne peuvent pas donner de fruit, il y a dans l'Église des hommes et des femmes brûlants de « grands désirs », qui, tout au long de leur vie, cherchent à suivre le meilleur des guides.

Nous sommes au cœur du combat entre les « Deux Étendards ». L'Étendard du Christ, notre Seigneur, marque un chemin de pauvreté, un désir d'opprobre, de mépris et d'humilité. Celui du Démon, ennemi de la nature humaine, nous séduit avec la richesse, la vaine gloire et l'orgueil. Le Mal mentira toujours assez bien pour que nous ayons la nostalgie des aulx et des oignons, en nous faisant oublier qu'il s'agissait de la nourriture de l'esclavage en Égypte (Nb **11**, 5)... Jésus, Lui, viendra nous confier, petit à petit et avec une grande douceur, les Béatitudes. Ce combat a lieu en moi, il a lieu au sein des peuples, et il a eu lieu tout au long de l'histoire.

---

31 « Aimez la justice, vous qui jugez la terre, ayez sur le Seigneur de droites pensées et cherchez-le en simplicité de cœur. » (Sg 1, 1) (NdE)

Souvenons-nous des paroles de Moïse : « *Vois, je te propose aujourd'hui vie et bonheur, mort et malheur.* » (Dt **30**, 15)

Nous concluons maintenant par le colloque[32] avec la Sainte Vierge :

> Qu'elle m'obtienne de son Fils et Seigneur la grâce d'être reçu sous son étendard : premièrement, dans la plus grande pauvreté spirituelle, et, si sa divine Majesté devait en être servie et voulait me choisir et me recevoir, non moins dans la pauvreté effective ; secondement en endurant opprobres et outrages, pourvu que je puisse les endurer sans qu'il y ait péché de quiconque, ni déplaisir de sa divine Majesté. Je terminerai ce colloque par le *Je vous salue Marie.* (E.S. 147)

Et nous demandons la même chose au Fils, puis au Père.

32 Ce mot signifie tout simplement une prière « cœur à cœur », la prière « d'un ami à un ami ». (NdE)

– VIII –
LE SEIGNEUR QUI NOUS ENVOIE EN MISSION

Le Seigneur en tant qu'« ami de la nature humaine » nous convoque et nous envoie dans la bataille pour le bonheur de la vraie vie. Il nous envoie *aider* tous les hommes à vivre de la vraie joie du Royaume, dans l'esprit des Béatitudes :

> Considérer le discours que le Christ, notre Seigneur, adresse à tous ses serviteurs et à tous ses amis qu'il envoie à cette expédition, leur recommandant de vouloir aider tous les hommes, en les amenant premièrement à la plus grande pauvreté spirituelle, et non moins, si sa divine Majesté devait en être servie et voulait bien les choisir à la pauvreté effective ; secondement, au désir des opprobres et des mépris, parce que de ces deux choses résulte l'humilité. De sorte qu'il y ait trois échelons : le premier, la pauvreté à l'opposé de la richesse ; le second, les opprobres et les mépris à l'opposé de l'honneur mondain ; le troisième, l'humilité à l'opposé de l'orgueil. Et à partir de ces trois échelons, qu'ils les entraînent à toutes les autres vertus. (*E.S.*, 146)

Comme le disait le cardinal Martini :

> Cet envoi missionnaire du Christ est intéressant. Curieusement, il ne dit pas Appelez le plus grand nombre de personnes à l'église, faites-les baptiser, croire, venir à la messe, mais : Aidez tous les hommes, sans exception, à se libérer des richesses qui encombrent, du désir de reconnaissance, de la réputation qui est changeante et de l'orgueil qui tue l'amour. Le Seigneur, ami de la nature humaine, demande de libérer tout le monde des « filets et des chaînes » avec lesquels le démon tient attachées les personnes, il envoie aider tous les hommes à vivre dans la liberté des fils de Dieu, dans le mépris des servitudes de ce monde qui aveuglent, rendent tristes et angoissent. C'est l'envoi final de l'évangile de Matthieu : « *Allez donc, de toutes les nations faites des disciples, les baptisant au nom du Père et du Fils et du Saint-Esprit, et leur apprenant à observer tout ce que je vous ai prescrit. Et voici que je suis avec vous pour toujours jusqu'à la fin du monde* » (Mt **28,** 19-20). Il nous envoie pour enseigner l'esprit des Béatitudes qui apporte la liberté de cœur dont nous avons tous besoin : chrétiens et protestants, juifs, musulmans, athées, progressistes et conservateurs, et même les indifférents. Il ne s'agit pas de dire à l'autre : « Laisse tes convictions et adopte les miennes qui sont meilleures », mais

> de lui offrir une aide à partir de l'expérience de Jésus sans rien demander en échange, sans exiger de conditions. Tous les hommes sentent la nécessité de la liberté qu'enseigne Jésus, même quand ils ont déjà une foi, nous avons tous besoin de nous libérer de l'angoisse pour rencontrer la paix et le bonheur. C'est ce chemin de la paix que nous devons proposer de manière pratique, éthique, ce chemin qui mène l'homme à se déconditionner de toutes les oppressions quotidiennes de la vie moderne[33].

J'aimerais que nous nous arrêtions un moment pour méditer deux traits caractéristiques de la manière dont Jésus évangélise : la joie et le dialogue. Il désire ardemment que nous les fassions nôtres.

Le Seigneur qui nous communique la joie d'évangéliser

Notre joie en Dieu est missionnaire, elle est ferveur :

- « *Nous avons trouvé le Messie* »
- *Il l'amena à Jésus*
- « *Nous l'avons trouvé* » (Jn **1,** 41,42,45)
- « *Va trouver mes frères* » (Jn **20,** 17)

Notre joie d'évangéliser est aussi consolation. C'est le signe de l'harmonie et de l'unité qui se réalise dans l'amour. C'est le signe de l'unité du corps de l'Église, le

33 Cardinal Martini, *op. cit.*, p. 177.

signe de l'édification. Nous devons à la fois être fidèles à la joie et ne pas en « jouir » comme d'un bien propre. La joie est faite pour émerveiller en étant partagée. La joie nous ouvre à la liberté des fils de Dieu, elle nous sépare des choses et des situations qui nous emprisonnent, elle nous fait grandir en liberté. La joie, signe de la présence du Christ, devrait être l'état habituel d'un homme ou d'une femme consacrés. Il faut rechercher la « consolation[34] », non pour elle-même mais parce qu'elle est le signe de la présence du Seigneur ; la « consolation » dans n'importe lequel de ses états :

> J'appelle consolation quand se produit dans l'âme quelque motion intérieure par laquelle l'âme en vient à s'enflammer dans l'amour de son Créateur et Seigneur, et ensuite quand elle ne peut plus aimer aucune chose créée sur la face de la terre pour elle-même, mais seulement dans le Créateur de toutes choses. De même, quand elle verse des larmes, qui portent à l'amour de son Seigneur l'âme touchée, soit à cause de la douleur pour ses péchés, ou pour la Passion du Christ, notre Seigneur, soit pour d'autres choses droitement ordonnées à son service et à sa louange. Enfin, j'appelle consolation tout accroissement d'espérance, de foi

34 Dans les *Exercices spirituels*, c'est par le jeu des « motions » intérieures – la consolation et la désolation – que le retraitant parvient à découvrir, dans la lumière de Dieu, son chemin. C'est ce que fit Ignace de Loyola au moment de sa conversion. (NdE)

> et de charité, et toute allégresse intérieure qui appelle et attire aux choses célestes et au salut propre de l'âme, en lui donnant repos et paix, dans son Créateur et Seigneur. (*E.S.*, 316)

La joie douce et réconfortante de l'évangélisation

La joie est la ferveur. Paul VI concluait *Evangelii nuntiandi* en nous parlant de cette ferveur :

> Notre époque connaît également de nombreux obstacles, parmi lesquels Nous nous contenterons de mentionner le manque de ferveur. Il est d'autant plus grave qu'il vient du dedans ; il se manifeste dans la fatigue et le désenchantement, la routine et le désintérêt, et surtout le manque de joie et d'espérance. Nous exhortons donc tous ceux qui ont, à quelque titre et à quelque échelon, la tâche d'évangéliser à alimenter en eux la ferveur de l'esprit… Gardons donc la ferveur de l'esprit. Gardons la douce et réconfortante joie d'évangéliser, même lorsque c'est dans les larmes qu'il faut semer. Que ce soit pour nous un élan intérieur que personne ni rien ne saurait éteindre. Que ce soit la grande joie de nos vies données. Et que le monde de notre temps qui cherche, tantôt dans l'angoisse, tantôt dans l'espérance, puisse recevoir la Bonne Nouvelle, non d'évangélisateurs tristes et découragés, impatients ou anxieux, mais de

> ministres de l'Évangile dont la vie rayonne de ferveur, qui ont les premiers reçus en eux la joie du Christ. (*E.N.*, n° 80[35])

Cette ambiance joyeuse se nourrit de la contemplation du Christ en mission :

- comment Il marchait,
- comment Il prêchait,
- comment Il soignait,
- comment Il regardait.

Le Seigneur nous communique sa façon de dialoguer

En cette joie d'évangéliser, nous apprendrons à dialoguer comme le Seigneur Lui-même.

Observons d'abord comme le Seigneur dialogue avec la foule ; comment Jésus parle :

- avec ceux qui veulent poser leurs conditions,
- avec ceux qui prétendent Le prendre en défaut,
- et avec ceux qui avaient un cœur ouvert à l'espérance du salut.

---

35 Jean-Paul II a repris cela dans *Redemptoris missio*, n° 91 : « Le missionnaire est l'homme des Béatitudes. Avant de les envoyer évangéliser, Jésus instruit les Douze en leur montrant les voies de la mission : pauvreté, douceur, acceptation des souffrances et des persécutions, désir de justice et de paix, charité, c'est-à-dire précisément les Béatitudes, réalisées dans la vie apostolique (cf. Mt 5, 1-12). En vivant les Béatitudes, le missionnaire expérimente et montre concrètement que le règne de Dieu est déjà venu et qu'il l'a déjà accueilli. La caractéristique de toute vie missionnaire authentique est la joie intérieure qui vient de la foi. Dans un monde angoissé et oppressé par tant de problèmes, qui est porté au pessimisme, celui qui annonce la Bonne Nouvelle doit être un homme qui a trouvé dans le Christ la véritable espérance. »

Dialogues « conditionnels »

Les trois personnages qui interpellent Jésus en Luc **9**, 57-62, mettent des conditions pour Le suivre ; leurs dialogues sont « *conditionnels* ». Ils cherchent à mettre une limite à leur adhésion : la richesse, les amis, le père.

La Samaritaine, elle (Jn **4**, 1-41), s'arrange pour faire dévier le dialogue car elle ne veut pas aborder l'essentiel, elle préfère parler théologie plutôt que d'avouer ses nombreux « maris ».

Quant à Nicodème (Jn **3**, 1-21), il conditionne sa rencontre avec Jésus à sa sécurité : il vient de nuit demander des explications. Et Jésus, parce qu'Il ne le sent pas disposé, le laisse enfermé dans ses propres réflexions. Pour Nicodème, la réflexion sert de refuge égoïste pour ne pas être loyal.

Dialogue trompeurs

Il existe une autre catégorie de dialogues avec Jésus : les dialogues « *trompeurs* ». On cherche à « piéger » le Seigneur pour trouver une faille dans sa cohérence. Cela permettrait de considérer la piété comme un troc, au risque de confondre la foi avec la sécurité, l'espérance avec la possession, l'amour avec l'égoïsme. Dans la scène de la femme adultère par exemple (Jn **8**, 1-11), si Jésus dit « oui », sa miséricorde est disqualifiée à jamais, et s'Il dit « non », Il contredit la Loi.

Dans ces dialogues trompeurs, Jésus fait souvent deux choses : Il dit une parole de doctrine à celui qui veut Le piéger et une parole différente à la victime (dans ce cas, la femme adultère), ou bien, dans certains cas, cette deuxième parole porte sur le contexte de la tromperie. Ici, Il rend la condamnation à ceux qui ont voulu Le piéger, leur indiquant qu'ils peuvent se l'appliquer à eux-mêmes. Et Il rend la vie à la femme, lui faisant ainsi comprendre qu'elle était importante pour Lui.

Dans le même sens, on peut méditer l'épisode de la question piège sur le tribut à César, question qui laisse croire qu'il n'y a pas d'alternative entre la tentation sadducéenne de collaboration avec l'État (Mt **22,** 15-22), et celle de la rébellion contre l'autorité (Lc **20,** 1-8). Le Seigneur répond en exhortant ses détracteurs à se charger eux-mêmes des « autorités » que Dieu leur a envoyées et qu'ils n'ont pas acceptées.

Il y a un piège, sadducéen encore, auquel répond le Seigneur en élevant la vue sur les horizons eschatologiques (Lc **20,** 27-40) : la femme qui a eu sept maris et la question de la Résurrection. Quand la dureté du cœur mauvais est irréversible, alors il s'agit d'un péché mortel, d'un péché contre le Saint-Esprit (Mt **12,** 32) : on confond les esprits. Le piège est si sordide que le Seigneur n'entre pas dans la dialectique d'une réponse ; Il revient seulement à la pureté de sa gloire et répond à partir de là.

La racine de toute tromperie implique toujours vaine gloire, possessions, sensualité, orgueil. Et notre Seigneur Lui-même nous a appris à répondre à ces tentations trompeuses avec l'histoire joyeuse du peuple de Dieu (Mt **4,** 1-11).

Dialogues loyaux

Il y a enfin une troisième catégorie de dialogues avec Jésus, que nous pourrions appeler les dialogues « *loyaux* ». Ils ont lieu avec ceux qui s'approchent sans duplicité, entiers, le cœur ouvert à la manifestation de Dieu. Rien n'est dissimulé sous la table. Quand quelqu'un s'approche ainsi, le cœur de Jésus se gonfle de joie (Lc **10**, 21). Méditons souvent le dialogue entre l'aveugle-né et le Seigneur (Jn **9**, 1-41).

La joie véritable se trouve dans le travail, dans la croix. La joie qui n'a pas été mise à l'épreuve reste un simple enthousiasme, souvent indiscret, dont la fécondité n'est pas certaine. Jésus nous prépare à cette mise à l'épreuve et Il nous prévient de la venue d'une joie plus grande pour que nous soyons prêts à tenir bon : « *Vous aussi, maintenant vous voilà tristes ; mais je vous verrai de nouveau et votre cœur sera dans la joie, et votre joie, nul ne vous l'enlèvera* » (Jn **16**, 22). Saint Ignace aussi nous exhorte à vaincre la tentation et la désolation par le travail constant et l'espérance de la consolation future :

> Celui qui est dans la désolation travaillera à demeurer dans la patience, qui est contraire aux vexations qui lui surviennent ; et il pensera qu'il sera vite consolé, s'il prend les moyens pour lutter contre cette désolation[36]. (*E.S.,* 321)

36 Il s'agit de la 8e règle pour discerner et se conduire dans la première semaine des *Exercices spirituels*. (NdE)

– IX –
Le Seigneur qui nous Réforme

Le Seigneur nous purifie : les « trois binaires[37] »

Quand, dans les *Exercices spirituels* (*E.S.*, 149-157), saint Ignace nous place face à ces trois groupes de personnes qui ont chacun dix mille ducats, ces « trois binaires » comme il les appelle, il cherche plus que le simple exemple d'une attitude. En tant que stratège génial du Royaume, il sait bien que « seul le Règne est absolu et que tout le reste est relatif ». Le Règne est « tellement important que, par rapport à lui, tout devient le reste donné par surcroît » (*E.N.*, n° 8). Il sait que le Seigneur exige de nous « un total renversement intérieur, une conversion radicale, un changement profond du regard et du cœur » (*E.N.*, n° 10).

Saint Ignace sait aussi que « la parole de Jésus est si puissante qu'elle change le cœur de l'homme et son destin » (*E.N.*, n° 11). En nous plaçant devant la radicalité du message de Jésus, il veut nous faire entrevoir la

---

37 Juste avant qu'il ne fasse élection – qu'il choisisse – le retraitant est appelé à méditer sur le comportement de trois groupes d'hommes qui ont acquis dix mille ducats, une somme énorme, en dehors de l'amour de Dieu. Le but de cette méditation est de revenir sur l'indifférence du *Principe et fondement* et d'aider le retraitant à se détacher de ce qui l'empêche d'aller vers Dieu, en l'occurrence les dix mille ducats que Jorge Mario Bergoglio appelle le « bien acquis ». (NdE)

mission exigeante qu'il a confiée à son Église. « Il s'agit de convertir en même temps la conscience personnelle et collective des hommes, l'activité dans laquelle ils s'engagent, la vie et le milieu concrets qui sont les leurs » (*E.N.,* n° 18).

Nous savons deux choses :

- Premièrement que le message de Jésus est absolu et qu'il faut que nous nous assurions à nouveau que, pour nous, « tout le reste est vraiment le reste »
- Deuxièmement, que cette même radicalité prétend « par son impact, transformer du dedans, rendre neuve l'humanité elle-même [...] sachant qu'il n'y a pas d'humanité nouvelle s'il n'y a pas d'abord d'hommes nouveaux, nés de la nouveauté du baptême et de la vie selon l'Évangile » (*E.N.,* n° 18).

C'est pour cela que saint Ignace, avant le choix (*l'élection*), nous met en face de tout ce qui peut cacher la radicalité de l'Évangile : il nous met devant le fameux « bien acquis » (ici les dix mille ducats) (*E.S.,* 150). Nous avons tous des « biens acquis». Et c'est maintenant le moment de nous demander quelle est notre bien acquis, de mettre un nom dessus, pour que ce ne soit pas lui qui nous possède mais notre Seigneur. Plus concrètement, demandons-nous aussi quels sont les « biens acquis » qui sont des obstacles, qui nous empêchent de remplir notre tâche de pasteurs au service de l'Église.

Nous évoquerons ici quelques possibilités, comme dans un petit guide.

Mon hégémonie

Mon hégémonie me conduit à confondre la partie avec le tout ; à penser que ce qui me revient, ce que je suis en train de faire, est la seule chose qui soit valable et viable dans le travail que doit faire l'Église, ici et maintenant.

Prenons conscience qu'il est impossible que nous soyons un corps vivant, que nous soyons une véritable institution vivante, si nous n'acceptons pas et n'aimons pas le corps de toute l'Église. Alors seulement, nous nous convaincrons que notre activité, quelle qu'elle soit, représente seulement la participation d'un membre et ne recouvre donc pas tout le domaine du travail apostolique.

Prétendre que nous sommes tous les mêmes, qu'il y a des « options radicales » pour tous dans tel ou tel domaine, c'est justement s'éloigner de la véritable radicalité de l'Évangile, c'est penser que ce qui nous sauve, c'est ce que je suis en train de faire, comme je le fais, avec les priorités que je me fixe.

Bien souvent, nous aimerions que, dans l'œuvre que nous accomplissons, d'autres, plus jeunes, nous succèdent, et cependant nous voyons qu'ils sont envoyés à des travaux peu gratifiants et nous pouvons en souffrir. Cela peut conduire à une sorte d'orgueil apostolique, ce qui n'est pas la même chose que la saine reconnaissance de ce que Dieu agit à travers nous et nous fait « consolation » pour beaucoup de nos frères. C'est une forme d'orgueil que de nous complaire d'être de ceux qui sont dans la « nouveauté », dans le « buzz », « dans le coup », ceux qui ne perdent pas leur temps, enfin, ceux qui « savent ce qu'ils font ». Cela peut nous conduire à nous fermer, à ne plus être ouverts et sensibles à tout ce qui se passe dans le diocèse ou dans l'Église : les problèmes des autres, la santé des anciens, la formation des plus jeunes, etc.

Si mon « bien acquis » est ce désir d'hégémonie, ne pensons pas que le problème va se régler en faisant des déclarations sur le pluralisme. Ici, le seul pluralisme admissible est celui de la mission apostolique reçue : celle-ci construit l'unité, nous rend frères. Il n'y a pas de place pour le pluralisme en marge de la Tête et du Corps : en réalité, ce serait une hégémonie déguisée.

Ma conscience

Ma conscience est un « bien acquis » quand je la défends comme telle, totalement distincte du ressenti du corps de l'Église, de la conscience des fidèles. Cela arrive quand nous confondons dogmatisme et doctrine, démission et conduite du troupeau. Nous tombons alors dans les postures caractéristiques qui abîment le peuple de Dieu. Par exemple, je pense que « je suis celui qui a une conscience, et que les fidèles en sont privés, car ils sont ignorants, stupides, etc. » et au lieu de conduire le troupeau, je dirige. Ou bien, en sens contraire, « je n'ai aucune idée de ce qu'il faut faire mais le peuple, si » et j'oublie ma mission de Pasteur. Au point de départ de ces deux postures, il y a des préjugés cachés :

– « Je ne suis pas le peuple »,
– « On ne peut pas conduire le peuple »,
– « Le peuple n'a pas besoin de pasteur »,
– « Le pasteur doit seulement obéir au peuple »,
– « Le peuple ne sait rien », etc.

Quand ma conscience est profondément coupée de la conscience de la partie du troupeau qui m'est confiée, c'est le moment de m'interroger sur mes « biens acquis ». Qu'est-ce que je défends par cet isolement ? Une dictature pastorale ? Un rôle agréable qui fait de moi un « tondeur de brebis », au lieu d'être un pasteur ? La réalité pastorale est ainsi : les gens veulent que la religion les rapproche de Dieu, que le curé soit un pasteur, et non pas un tyran ou un précieux qui se perd dans les fioritures de la mode.

Nous formulons parfois cela en disant « mon expérience ». Celle-ci ne manque certainement pas de valeur, mais nous pouvons mal l'utiliser. Par exemple, de nombreuses années de pastorale, quasiment autodidacte dans ce domaine, font que je m'ancre dans ma sagesse et non dans celle du Christ, « mon expérience » et non l'inspiration du Saint-Esprit. Je sais tout, je me déplace facilement, je suis au-dessus des gens, je n'ai besoin de consulter personne pour mes problèmes, mes plans pastoraux (annuels, triennaux, quinquennaux, inamovibles)... et mon inefficacité, puisque je n'ai pas formé des chrétiens qui seraient autonomes sans moi.

Derrière ces « biens acquis », transparaît un incroyable esprit de suffisance. Sans en arriver aux postures de ceux qui « avec une superficialité lamentable, accusent l'Église d'avoir dévié de sa mission évangélisatrice essentielle[38] », nous tombons souvent dans la suffisance qui porte atteinte à l'édification et l'unité du corps de l'Église. Le pire est de « croire que l'on a définitivement atteint le Christ ». Ceci est une « assurance en soi-même et un mépris des autres », « quand chacun croit avoir la clé infaillible qui répond à tous les problèmes ; quand, par exemple, dans l'Église certains croient qu'ils sont les seuls pauvres et qu'ils ont compris l'Évangile, qu'ils ont découvert le secret pour être plus transparents et proches de Jésus Christ ou qu'ils sont les seuls vraiment engagés dans la libération de l'homme, tandis que d'autres pensent être les seuls fidèles à la richesse de la Tradition ou se positionnent en maîtres infaillibles de leurs frères ».

Cette esprit de suffisance naît du Malin, du père du mensonge qui, par ce chemin, transmet à l'Église les tensions, la division, le démembrement, parce que, soyons-en sûrs, « les tensions viennent souvent d'un prétendu droit à l'exclusivité de la vérité et de la sainteté. La paix vient seulement entre des cœurs disponibles ; et la disponibilité suppose la pauvreté. »

Être pauvre c'est ne pas avoir de « biens acquis ».

38 E. Pironio, *Meditación para tiempos difíciles*, op. cit., p. 2-9.

Mon pouvoir

Nous touchons ici à un autre « bien acquis » : mon pouvoir, celui que je veux avoir, dans mon action pastorale mais qui n'est pas celui que m'a donné Jésus Christ. Par exemple en empiétant sur le pouvoir des autres ou en croyant, à l'inverse, que l'action pastorale doit être totalement dépossédée du pouvoir. Quelle que soit la posture, elle nous éloigne du vrai pouvoir que nous a confié le Seigneur : baptiser, enseigner la doctrine, aider à l'accomplir, bénir, soigner, pardonner, etc. (cf. Mt **28,** 19-20 ; Jn **20,** 22-23 ; Mc **16,** 15-18).

Mon inamovibilité

Mon inamovibilité, qu'elle soit locale ou d'attitude, peut être un autre des « biens acquis » qui m'éloignent du service total du Seigneur. Cette façon de dire « j'obéis, mais dans ce périmètre, dans ce diocèse, dans ce lieu » atteint la racine même de l'institution, parce que cela privilégie le confort figé au fait, toujours moins confortable mais fécond, d'être « envoyé en mission ».

*
* *

On pourrait ainsi énumérer les « biens acquis » et en faire un vrai catalogue. Que chacun cherche dans son cœur (parce que c'est cela le chemin) là où est son trésor, son « bien acquis ». Ce faisant, nous en arrivons à méditer sur l'autre « acquisition », celle qu'a faite Jésus Christ, de ce *« peuple acquis, pour proclamer les louanges de Celui qui vous a appelés des ténèbres à son admirable lumière »* (1 P **2,** 9).

Rappelons-nous ces visages concrets des gens de nos diocèses, confiés aux pasteurs que nous sommes et comparons les deux acquisitions : celle de nos cœurs mesquins et l'acquisition du Seigneur. Et alors décidons-nous.

Rappelons-nous que tout « bien acquis » porte atteinte à l'unité de l'Église. Ce qui nous sépare de l'harmonie du corps de l'Épouse du Christ, c'est toujours quelque chose de mesquin que l'on veut garder pour nous. En revanche, l'effort constant de concorde et d'unité fait fuir le démon de la division et nous fortifie dans notre appartenance à l'Église. Saint Ignace d'Antioche le rappelait à ses Éphésiens (ch. 13) : « Faites en sorte de vous réunir souvent pour célébrer l'eucharistie et la louange divine. Quand vous vous réunissez souvent dans le même lieu, le pouvoir de Satan s'affaiblit et la concorde de votre foi l'empêche de faire du mal. Rien de mieux que la paix, qui met fin à toute discorde entre le ciel et la terre. »

Et que le Seigneur nous accorde « de ne désirer aucun bien sur la terre, sinon le désir de pouvoir mieux servir Dieu, notre Seigneur » comme le dit Ignace de Loyola, parlant du troisième groupe d'hommes qui est parvenu à se détacher de tout pour ne plus désirer que le service de Dieu, notre Seigneur (E.S.,155).

– X –
Le Seigneur qui nous Oint : « Les Trois Degrés d'Humilité[39] »

« *Petits enfants, voici venue la dernière heure. Vous avez ouï dire que l'Antéchrist doit venir ; et déjà maintenant beaucoup d'antéchrists sont survenus : à quoi nous reconnaissons que la dernière heure est là.* [...] *Quant à vous, vous avez reçu l'onction venant du Saint, et tous vous possédez la science.* [...] *Quant à vous, l'onction que vous avez reçue de lui demeure en vous, et vous n'avez pas besoin qu'on vous enseigne. Mais puisque son onction vous instruit de tout, qu'elle est véridique, non mensongère, comme elle vous a instruits, demeurez en lui.* » (1 Jn **2,** 18.20.27)

Chaque époque a ses difficultés propres, et il en va de même pour la vie du croyant. Pour bien aborder les difficultés, il faut écouter le Seigneur : « *Mettez-vous donc bien dans l'esprit que vous n'avez pas à préparer d'avance votre défense car moi je vous donnerai un langage et une sagesse, à quoi nul de vos adversaires ne pourra résister ni contredire* » (Lc **21,** 14-15). Ce sera le recours à l'onction.

---

39 Cette méditation est de nouveau proposée au retraitant au moment où il va se déterminer pour le Christ. Il sait qu'il n'y a pas de choix sans renoncement (repensons aux trois groupes d'hommes), mais il doit encore découvrir qu'il n'y a pas de renoncement sans amour, c'est-à-dire sans pauvreté et sans humilité. Mais dans l'humilité même, il y a encore des degrés (*E.S.*, 165-168). (NdE)

Saint Jean nous rappelle *« la dernière heure »* comme moment eschatologique. Ce sera l'heure de l'Antéchrist, des faux prophètes (Mt **24**, 11), c'est aussi l'heure de l'avènement du Christ et, d'une certaine manière, c'est toute heure de la venue du Christ dans nos vies et les réactions que cela suscite. Pour être fidèles à tous ces moments eschatologiques, il nous est demandé de ne pas oublier l'onction que nous avons reçue.

Ceux qui se sont lassés du Christ humble ou les manières de rejeter la vocation de la Croix

Les antéchrists sont parmi nous : ce sont ceux d'entre nous qui se sont lassés de l'humilité du Christ. L'appartenance au Christ ne se juge pas uniquement sur l'appartenance physique à une communauté. Cela va plus loin : c'est l'appartenance au Saint-Esprit, c'est se laisser oindre par le même Esprit qui a oint Jésus.

Celui qui juge de notre onction, c'est le Seigneur Lui-même *« qui sait ce qu'il y a dans le cœur de chaque homme »* (cf. Jn **2**, 24-25). Dès lors que le Christ est reçu dans le cœur de l'homme, celui qui Le reçoit accepte de devenir, mystérieusement, source de contradiction (Mt **10**, 21). C'est le signe de la fin des temps (Lc **21**, 28). Le croyant devient, à la suite du Christ, celui qui *« doit amener la chute et le relèvement d'un grand nombre en Israël ; il doit être un signe en butte à la contradiction »* (Lc **2**, 34). Celui qui n'a pas reçu l'onction, qui ne l'accepte pas, ou y supplée par la simple science humaine, peut nier de fait cette vocation à la Croix.

Garder pour soi les signes de contradiction

Comme première façon de nier la Croix, on peut citer l'attitude qui consiste à prétendre choisir par soi-même les signes de contradiction. La Croix, alors, n'est plus l'oblation de sa propre vie, suivi amoureux du Seigneur sur le chemin qu'Il emprunta en premier, mais une attitude artificielle, de vedette, superficielle. Nous avons vu de nombreux prêtres et religieux qui, dans leur vie de communauté, « jouent à l'Église primitive », ou d'autres qui « jouent à la Croix » dans leur vie apostolique. Dans ce cas, les persécutions qui surviennent sont le fruit non d'un zèle pour la gloire du Père, mais d'une sélection élitiste des moyens qui, dans un esprit purement égoïste et vaniteux, paraissent les plus expédients.

Ne pas accepter le caractère combatif de la vocation : l'irénisme

La deuxième manière de refuser notre vocation à la Croix se retrouve dans le fait de ne pas accepter le caractère combatif de notre vocation. Il s'agit de la tentation de la « paix à tout prix », la tentation de l'irénisme. On a peur de la contradiction et on a donc recours à tout type d'arrangement, ou d'évitement, pour avoir la paix, pour qu'aucune contradiction ne se manifeste. La conséquence de cela, c'est que les hommes ne bénéficient pas d'une paix véritable, mais ils vivent dans la lâcheté ou, si l'on peut dire, dans la paix des cimetières.

Ceux qui vont au-delà de la doctrine de la communauté

Les deux tentations précédemment évoquées trouvent leurs racines dans la prétention – que l'on refuse d'abandonner – de se considérer comme des protagonistes de la Croix pour les premiers, de la paix pour les seconds. On oublie ainsi le fait que la Croix comme la paix ont déjà eu un protagoniste qui a comblé et donné sens à tout chemin de Salut, aussi bien dans la Passion que dans la consolation de la Résurrection. Ces deux groupes de personnes, ennemies de la Croix du Christ, dépassent, « vont au-delà » de la doctrine de la communauté (2 Jn **9**) ; ils inventent une alternative à la mesure de leur égoïsme, ils délirent, ont des hallucinations, « *ils souillent la chair, rejettent tout maître et blasphèment contre les êtres glorieux* » (voir le chapitre Jude **8**)

Affermis dans le Christ

Au milieu de ces divisions et attitudes contraires à la Croix du Seigneur, notre sécurité réside dans l'onction. C'est la Parole reçue, faite sienne. Par elle nous savons tout, elle nous enseigne tout (1 Jn **2**, 27). L'onction nous met dans la vérité. En demeurant en Jésus, nous connaîtrons la vérité (Jn **8**, 32). Le mensonge, c'est Satan. Il ne s'agit pas de multiplier les consignes mais de reconnaître dans cette onction, dans ce *« sensus fidelium »* la véritable appartenance au Corps du Christ.

L'onction est la réalité de la fin des temps où elle sera donnée à tous (cf. Jr **31**, 34). Il faut garder présente, dans les moments de véritable contradiction, la promesse du

Seigneur : « *Je vous inspirerai une sagesse* » (Lc **21,** 15 ; **12,** 12). Car l'onction est sagesse, et il faut la demander (Sg **9,** 5-9). Par l'onction, nous sommes *affermis* dans le Christ (2 Co **1,** 21). L'onction nous donne une solidité et une certitude qu'il est impossible de tromper (He **6,** 19 ; Lc **1,** 4 ; Ph **3,** 1).

L'onction vise à perfectionner

Le Seigneur nous enseigne que l'on doit oindre ce qu'il faut perfectionner et soigner : on oint les morts (Mc **16**, 1), on oint les malades (Mc **6**, 13 ; Jc **5**, 14), on oint les blessures (Lc **10**, 34), on oint les pénitents (Mt **6**, 7). L'onction a aussi un sens de réparation (Lc **7**, 38.46 ; **10**, 34 ; Jn **11**, 2 ; **12**, 3). Tous ces sens sont valables pour nous : nous sommes ressuscités, soignés, réformés, réparés par l'onction du Saint. Le joug de l'esclavage est détruit par l'onction (cf. Is **10**, 27).

Le premier à être oint, c'est le Seigneur (Lc **2,** 26 ; Ha **4,** 26 ; Lc **4,** 18 ; Ha **10,** 38). Il a été oint d'une huile d'allégresse (Hb **1,** 9). L'allégresse évoque la gloire[40]. Être oint, c'est participer à la gloire du Christ, c'est-à-dire à sa Croix. « *Père, glorifie ton Fils* [...] *Père glorifie ton nom* », dit Jésus (Jn **12,** 23.28). À l'opposé, ceux qui recherchent la paix ou la contradiction en dehors de cette onction ne recherchent pas la gloire de Dieu dans la croix du Christ : « *Comment pouvez-vous croire, vous qui recevez votre gloire les uns des autres, et ne cherchez pas la gloire qui vient du Dieu unique ?* » (Jn **5,** 44)

40 Cyrille de Jérusalem, *Catéchèse mystagogique*, 13.

Désirer, ou être prêt à souffrir patiemment

Quand saint Ignace nous fait méditer sur les « trois degrés de l'humilité », il cherche à nous amener à cette onction dans sa radicalité maximale : le sommet de toute sagesse, la Croix du Christ (*E.S.,* 165-168). Notre choix, pour ainsi dire, se réduit à deux propositions : *désirer les injures ou les accepter,* toujours pour l'amour du Christ. C'est cela la gloire, c'est cela la sagesse, c'est cela l'onction qui nous montre la voie à suivre sans nous tromper.

Écoutons l'invitation de saint Augustin :

> Nous revenons alors à cette onction du Christ, à cette onction qui nous enseigne de l'intérieur ce que nous ne pouvons pas exprimer, et, puisque pour l'instant cette vision vous est impossible, votre devoir est de désirer. Toute la vie chrétienne est un désir saint. (*Commentaire de la 1re Lettre de Jean, 4.*)

Dans la mesure où nous sommes oints par la sagesse de la Croix, notre cœur se gonfle du désir des grandes choses : comme le Christ sur la croix, notre cœur est ouvert. La magnanimité féconde, celle qui va « toujours plus loin », celle qui cherche seulement ce qui fait avancer, est fille de la Croix. En contemplant le Seigneur en croix, avec le cœur ouvert, et sa très sainte Mère debout à ses pieds, nous demandons la grâce d'être oints pour Le suivre, pour être crucifiés avec Lui et que notre cœur soit sauvé *des mesquineries qui infantilisent et rétrécissent*. Qu'il prenne, dans l'onction de la Croix, la mesure des grands désirs, qui sont instruments de fécondité de notre sainte Mère l'Église.

– XI –
Le Seigneur, notre Mort et Résurrection

La croix du Seigneur

Une fois qu'est fait notre choix (ou réforme) de vie, nous nous mettons aux pieds du Seigneur, tout contre le bois de la croix, pour Lui demander qu'Il nous fortifie afin de nous permettre de repartir de l'avant, suivant les adages qui rendent compte de la dynamique des *Exercices* :

> *Deformata reformare,* reformer ce qui a été déformé par le péché ;
>
> *reformata conformare,* conformer ce qui a été reformé avec la vie du Seigneur ;
>
> *confirmata transformare,* transfigurer à la lumière de la Résurrection ce qui a été confirmé.

Le Christ a été oint sur la Croix. Nous consacrerons cette méditation à la contemplation du bois de la Croix. La croix brute sans le corps du Christ. Le bois qui est un passage obligé pour qui veut suivre le Christ. Depuis des siècles, contre cette croix se sont brisés les pièges et les persécutions. Contre elle s'anéantissaient les faux messianismes, les espérances non chrétiennes, les égoïsmes déguisés en générosité ou en zèle apostolique. La croix de Jésus nous conduit à Lui, qui est *la Vérité, le Chemin et la Vie.*

Pour les non-croyants, la croix n'était rien de plus qu'un échafaud, un lieu de honte où l'on purgeait les crimes. Pour nous, c'est bien différent : la Croix suppose le dépouillement, un dépouillement intime, mais la Croix est aussi notre unique espérance (*Spes unica*).

Ainsi vont les choses du Seigneur : comme la Croix. Nous en saisissons la vraie dimension selon « l'esprit » avec lequel nous les recevons. Pour ce qui touche à la foi, nous trouvons toujours à portée de main une quelconque « raison » ou « interprétation » humaine, pour ne pas accepter le message du Seigneur. Mais quand nous croyons tout savoir, cela nous conduit à ne rien savoir. Souvent, il nous arrive ce qui est arrivé aux disciples d'Emmaüs : ils pensaient si bien connaître le Seigneur qu'ils ne L'ont pas reconnu.

Laissons notre regard être comblé dans la contemplation, en regardant le bois nu de la croix. Sans savoirs préalables, sans déterminisme, laissons ce bois nu nous interpeller et nous dire que la sagesse, la clé de l'interprétation de la vie et l'espérance sont là, dressées sur le monde.

Le peuple de Dieu est une « milice », la vie chrétienne est un combat. Mais « ce n'est pas contre des adversaires de sang et de chair que nous avons à lutter, mais contre les principautés, contre les puissances, contre les régisseurs de ce monde de ténèbres, contre les esprits du mal qui habitent les espaces célestes » (Ep **6**, 12). Pour vaincre dans ce combat, nos armes humaines ne nous sont d'aucune utilité : nous avons besoin des « armes de Dieu » pour « résister et rester fermes » ; et l'arme absolue de Dieu, c'est la Croix. C'est sur elle que le Mal fut vaincu une fois pour toutes. Quand nous assumons la Croix en tant que « porte du Salut », alors nous sentons à l'intérieur de nous que « *cette guerre n'est pas la nôtre mais celle de Dieu* » (2 Ch **20**,15) et que c'est Lui, précisément, qui lutte pour nous. Cette grâce nous est donnée lorsque notre humilité, l'humilité de reconnaître que nous avons besoin d'être sauvé, s'accroche à la Croix. Ne savons-nous pas qu'en glorifiant notre faiblesse, Dieu a mis en nous la force du Christ ?

> « *C'est pourquoi je me complais dans les faiblesses, dans les outrages, dans les détresses, dans les persécutions et les angoisses endurées pour le Christ ; car, lorsque je suis faible, c'est alors que je suis fort.* » (2 Co **12,** 10)

Le mystère de la Croix prend sa source ici. Seuls les « faibles », les « petits » peuvent le comprendre, ceux qui renoncent à toute autre herméneutique de vie et qui savent qu'il faut laisser « *les morts enterrer leurs morts* » (Mt **8,** 22). Combien est exigeante cette sagesse, celle de la faiblesse et de l'humilité qui permet de comprendre la Croix ! Dans cette recherche de la pauvreté contre la richesse, de l'humiliation contre la vanité et de l'humilité contre l'orgueil, se trouve l'invitation paulinienne à assumer la Croix qui est « *scandale pour les Juifs et folie pour les païens* ». À la suite de l'Apôtre, Ignace n'hésitera pas à proposer au retraitant de devenir « fou en Christ » (*E.S.,* 167).

Cette petitesse selon le Royaume suppose le dépouillement, qui se manifestera progressivement dans les différentes étapes de notre vie. Ce n'est pas par hasard que Jésus, au milieu de la paix et de l'allégresse de la résurrection, rappelle à Pierre qu'il doit Le suivre dans le dénuement :

> « *En vérité, en vérité, je te le dis, quand tu étais jeune, tu mettais toi-même ta ceinture, et tu allais où tu voulais ; quand tu auras vieilli, tu étendras les mains, et un autre te ceindra et te mènera où tu ne voudrais pas.* » (Jn **21**, 18)

Notre tentation est la même que celle de Pierre : rechercher une autre vie, nous perdre dans les détails. « *Seigneur, et lui ?* » (en parlant de l'Apôtre Jean, Jn **21**, 21). Que Dieu, dans sa grande bonté, nous accorde la grâce de nous dire la même chose qu'à Pierre, et de nous rappeler notre vocation de dénuement : *« Que t'importe ? Toi, suis-moi ! »* (Jn **21**, 22). Regardons la Croix, seule, supplice pour les uns, folie pour les autres et pour nous force de Dieu.

Et prenons le temps de savourer ce texte que saint Théodore le Studite adressait à ses moines :

> Quel don infiniment précieux que la Croix ! Oui, comme sa vue est belle ! La beauté qu'elle nous présente n'est pas mêlée de mal et de bien, comme jadis l'arbre du jardin d'Éden. Elle est tout entière admirable et belle à voir et à partager. En effet, c'est un arbre qui donne la vie et non la mort ; la lumière et non l'aveuglement. Elle fait entrer dans l'Éden, elle n'en fait pas sortir. Cet arbre sur lequel le Christ est monté, comme un roi sur son char de triomphe, a perdu le Diable, qui avait le pouvoir de la mort,

en délivrant le genre humain de l'esclavage du tyran. C'est sur cet arbre que le Seigneur, comme un combattant d'élite, blessé aux mains, aux pieds et à son côté divin, a guéri les cicatrices du péché, c'est-à-dire notre nature blessée par le dragon mauvais. Après avoir été mis à mort par le bois, nous avons trouvé la vie par le bois ; après avoir été trompés par le bois, c'est par le bois que nous avons repoussé le serpent trompeur. Quels échanges surprenants ! La vie au lieu de la mort, l'immortalité au lieu de la corruption, la gloire au lieu de la honte ! C'est avec à-propos que l'Apôtre s'est écrié : Je ne veux trouver ma gloire que dans la croix de notre Seigneur Jésus Christ par qui le monde a été crucifié pour moi et moi pour le monde ! Car cette sagesse au-dessus de toute sagesse, qui a fleuri sur la croix, a rendu stupides les prétentions de la sagesse du monde. La connaissance de tout bien qui a fructifié sur la croix a retranché les bourgeons du mal.

Déjà depuis le commencement du monde, toutes ces choses qui n'étaient que des figures ou des évocations anticipées de ce bois, étaient des signes ou des indices de quelque chose d'infiniment plus admirable qu'elles. Regarde plutôt, toi qui désires savoir. « Est-ce que par hasard Noé n'a pas été sauvé du désastre du déluge, par décision divine, lui, son épouse, ses fils et leurs épouses et les animaux de chaque espèce sur un morceau de bois fragile ? Et que signifie le bâton de Moïse ? N'était-ce pas une figure de la croix ? Quand il a changé l'eau en sang, quand il a dévoré les faux serpents des mages, quand d'un coup de bâton il a divisé les eaux de la mer, quand elles ont repris leur cours, submergeant l'ennemi et préservant le peuple élu. Le bâton d'Aaron avait un pouvoir similaire, lui aussi figure de la croix, qui a poussé en un seul jour, démontrant ainsi qui était le prêtre légitime. Abraham aussi annonça la croix en déposant son fils ligoté sur un tas de bûches. Par la Croix, la mort a été détruite et Adam a été rendu à la vie. Sur la croix, les Apôtres ont tous été remplis de gloire, c'est elle qui couronne les martyrs, qui sanctifie tous les saints. Par la Croix, nous nous revêtons du Christ, et nous nous dépouillons du vieil homme. Par la Croix, nous, brebis du Christ, nous avons été réunies dans un même enclos et destinées à la bergerie céleste[41].

De la Croix, allons maintenant à la maison de la Sainte Vierge, où elle souffre de sa solitude et, avec elle, récitons l'hymne de la Croix qu'un pasteur argentin a composé pour le Carême :

41 *Théodore Studite, Petite Catéchèse*, par Anne-Marie Mohr, coll. Les Pères dans la foi, Migne, Paris, 1993, p. 153.

Sainte Croix du Christ, Arbre de Vie :
Le Roi a éliminé la mort vaincue.

Sainte Croix du Christ, Alliance et Pardon ;
Force des pauvres, richesse de Dieu.

Sainte Croix du Christ, tu es fermement dressée :
Tandis que tout passe, sois notre soutien.

Sainte Croix du Christ, Agneau immolé,
Lave-nous de ta blessure ouverte au côté.

Sainte Croix du Christ, mystère de l'amour,
Guide nos pas vers le royaume de Dieu.

Sainte Croix du Christ, ô bras ouverts :
Réunis ton peuple dispersé.

Sainte Croix du Christ, phare du chrétien :
Nous t'adorons, ô Christ,
et nous te rendons gloire[42] !

La paix du Seigneur ressuscité

« *Et devant lui nous apaiserons notre cœur, si notre cœur venait à nous condamner, car Dieu est plus grand que notre cœur, et il connaît tout.* » (1 Jn **3**, 19-20)

Dans la quatrième semaine des *Exercices spirituels*, saint Ignace nous fait contempler Jésus ressuscité dans son rôle *consolateur* auprès de ses amis. Le Seigneur console en se rendant présent au milieu de la communauté réunie et en montrant ses plaies ressuscitées, d'où jaillit la paix, cette paix qui triomphe de toutes nos peurs. La salutation

42 F. Boassa, Primer Viernes de Cuaresma, 1977.

du Christ ressuscité, *« La paix soit avec vous »* (Jn, **20,** 19.26), est le mot d'ordre du triomphe définitif. Participer de cette paix, la recevoir, c'est déjà participer à la paix de la Résurrection. La paix doit être l'état habituel du religieux, du prêtre, de l'évêque parce que, comme médiateur, il a son cœur accroché au bien suprême, « aux biens d'en haut ». « Que nos cœurs s'établissent fermement là où se trouvent les vrais joies », nous fait demander la liturgie.

Il ne faut pas confondre la paix véritable avec celle qui est illusoire. Cette dernière est celle de l'ignorance, celle du moi candide qui fait un pas de danse pour éviter la difficulté, celle du riche Épulon qui ignore Lazare. La paix véritable grandit dans la tension entre deux éléments contraires : l'acceptation d'un présent dans lequel nous nous reconnaissons faibles et pécheurs et, en même temps, le dépassement de ce présent comme si nous étions déjà libérés du poids du péché. Saint Ignace nous fait entrer plusieurs fois en cette tension qu'il explique dans la « théologie du comme si ». « Comme si j'y étais», nous conseille-t-il lorsqu'il nous encourage à contempler telle ou telle scène de l'Évangile, nous donnant l'impression – par exemple – d'être dans la crèche. Et pour faire le bon choix, nous devons faire « comme si » nous étions à l'article de la mort ou au jour du Jugement (*E.S.,* 186-187). Le lieu de cette paix est le cœur : c'est là que la présence de Jésus nous donne de l'assurance.

Dans cette paix se tient le courage apostolique (*parrêsía*) et la patience apostolique (*hypomonè*). Vivre de cette paix ne signifie pas conserver la tranquillité ! Il ne s'agit pas de la paix de la facilité mais de celle de l'exigence. Elle ne supprime ni la fragilité ni les manques. Cette paix est celle qui permet de faire le choix de vie et d'accomplir la volonté de Dieu. Ce n'est pas la paix du monde (Jn **14**, 27) mais la paix du Seigneur (Jn **16**, 33).

Notre Dieu est le Dieu de la paix (Rm **15**, 33), et Il a voulu nous la donner en nous pacifiant en son Fils (Rm **5**, 1) pour qu'à notre tour, nous aussi, nous la transmettions, et qu'elle soit le trait d'union qui permet de conserver l'unité (Ep **4**, 3). L'irruption de cette paix parmi nous nous a été annoncée officiellement, à tous, la nuit de Noël (Lc **2**, 14), et l'écho de cette annonce retentit jusqu'au dimanche des Rameaux (Lc **19**, 38). Il nous a été demandé de la chercher en montant jusqu'à elle (Lc **1**, 79) parce que nous avons tous été appelés à vivre dans la paix (1 Co **7**, 15). Que cette paix garde nos cœurs et nos pensées (Ph **4**, 7) et nous incite à rechercher la paix avec tous (He **12**, 14). Refuser cette paix nous sépare de la crainte de Dieu (Rm **3**, 17) et contriste le cœur du Christ (Lc **19**, 42).

La paix est une Béatitude (Mt **5**, 9) et nous la recherchons parce que, en elle et avec elle, nous devons faire la guerre pour le Royaume. Le Seigneur nous l'avait dit : Il est venu faire la guerre (Mt **10**, 34), et nous participons à cette guerre qu'Il mène, Lui qui a donné un certain pouvoir au démon pour qu'il exile la paix hors de la terre (Ap **6**, 4) mais finalement, Lui, le Dieu de la paix, vaincra Satan (Rm **16**, 20) et la Paix est venue habiter parmi nous. Dans cette guerre contre le Mal, la paix fortifie notre courage, elle ne nous laisse pas avoir peur devant les adversaires

(Ph **1,** 28) et surtout, elle définit « la manière de combattre », une manière qui procède de la paix, qui fait la guerre en paix, et qui engendre la paix :

> « *Si vous avez au cœur, au contraire, une amère jalousie et un esprit de chicane, ne vous vantez pas, ne mentez pas contre la vérité. Pareille sagesse ne descend pas d'en haut : elle est terrestre, animale, démoniaque. Car, où il y a jalousie et chicane, il y a désordre et toutes sortes de mauvaises actions. Tandis que la sagesse d'en haut est tout d'abord pure, puis pacifique, indulgente, bienveillante, pleine de pitié et de bons fruits, sans partialité, sans hypocrisie. Un fruit de justice est semé dans la paix pour ceux qui produisent la paix.* »
> (Jc **3,** 14-18)

Dans nos méditations sur les mystères de la résurrection du Seigneur, il faudra que nous fassions attention à bien Le considérer comme Celui qui donne la paix. C'est ce que veut dire saint Ignace quand il demande de « regarder l'office de consolation que vient exercer le Christ notre Seigneur Jésus et le comparer à la façon dont les amis ont l'habitude de se consoler les uns les autres » (*E.S.,* 224). La paix s'enracine dans la consolation : seul celui qui s'est d'abord laissé consoler par le Seigneur Lui-même peut consoler les autres.

Enfin, sentons le regard de bonté et de profondeur que le Seigneur pose sur nous, Lui qui sait tout, et qui nous dit avec tendresse : « *Ta foi t'a sauvé, va en paix* » (Mc **5,** 34 ; Lc **7,** 50 ; **8,** 48).

– XII –

Le Seigneur nous Transforme par son Amour

La mémoire

Contemplation pour obtenir l'amour[43]

Lorsque saint Ignace demande de se remettre en mémoire « les bienfaits reçus : ceux de la Création, de la Rédemption et les dons particuliers, pesant avec tout mon cœur tout ce que Dieu notre Seigneur a fait pour moi, et tout ce qu'il m'a donné de ce qu'il a, et ensuite que le Seigneur lui-même désire se donner à moi » (*E.S.*, 234), il veut que nous allions au-delà de la simple action de grâce pour tout ce qui a été reçu. Il veut nous apprendre à avoir *plus d'amour*. Il veut nous conforter sur le chemin que nous avons parcouru... Et ceci, c'est la mémoire qui le permet. La mémoire est comme la grâce de la présence du Seigneur dans nos vies d'évêques. La mémoire du passé que nous portons en nous, non pas comme un poids, mais comme une réalité interprétée à la lumière de notre conscience actuelle. Demandons la grâce de retrouver la mémoire :

- de notre cheminement personnel,
- de la façon dont le Seigneur nous a cherchés,
- de notre famille religieuse,
- du peuple où nous sommes inculturés.

---

43 Cette contemplation (E.S., 230-237) conclut la démarche des *Exercices spirituels*. Elle est le pendant du *Principe et fondement*. (NdE)

Regarder en arrière, permet en quelque sorte de se réveiller, pour recevoir avec plus de force la parole de Dieu : « *Mais rappelez-vous ces premiers jours, où après avoir été illuminés, vous avez soutenu un grand assaut de souffrances. Ne perdez donc pas votre assurance* » (He **10,** 32.35). « *Souvenez-vous de vos chefs, eux qui vous ont fait entendre la parole de Dieu, et, considérant l'issue de leur carrière, imitez leur foi* » (He **13,** 7). Cette mémoire nous permet de ne pas nous laisser « *égarer par des doctrines diverses et étrangères* » (He **13,** 9), elle « affermit le cœur » (*ibid.*).

Les peuples ont une mémoire, comme les gens. L'humanité aussi dispose d'une mémoire commune. Sur le visage de l'Indien Mataco[44] se lit la mémoire vivante d'une ethnie souffrante et persécutée. Monseigneur Tavella racontait que dans un village de son diocèse, il avait rencontré un Indien qui priait avec une concentration déconcertante. Après un long moment, l'évêque l'interrompit et demanda ce qu'il priait. « Le Catéchisme », répondit l'Indien. C'était le catéchisme de saint Turibe de Mogrovejo[45].

---

44 Ethnie amérindienne du Chaco central et du Chaco austral, en Amérique du Sud. (NdE)

45 Magistrat laïc de Grenade qui était considéré comme un saint depuis sa jeunesse. À 39 ans, en 1580, bien malgré lui, il fut choisi par Philippe II pour succéder à Jérôme de Loaïsa comme archevêque de Lima. Grand réformateur et fondateur, il suscita au Pérou ce que l'on a appelé « le grand siècle religieux ». Rose de Lima, Martin de Porres, Jean Masias et Marie Anne de Paredes furent ses enfants spirituels. Il est difficile d'imaginer l'amour que lui porta le peuple indien, qui lui voue une dévotion perpétuelle. Il a été canonisé en 1726. (NdE)

La mémoire des peuples n'est pas un disque dur d'ordinateur mais *un cœur*. Les peuples, comme Marie, gardent les choses dans leur cœur. Et en cela, l'Espagne nous a appris à nous unir fermement et à garder fidèlement le souvenir du Seigneur, de sa Mère et des saints, en puisant en eux l'unité spirituelle de nos nations.

La mémoire est une force d'unification et d'intégration. Ainsi, quand les relations entre les personnes se délitent, il n'y a plus que la mémoire pour être le ciment des familles ou des peuples. Une famille sans mémoire ne mérite pas un tel nom. Une famille qui ne respecte ni ne s'occupe des anciens qui constituent sa mémoire vivante, est une famille brisée. Mais une famille et un peuple qui font mémoire sont une vraie famille et un peuple d'avenir.

L'humanité entière a une mémoire commune. La mémoire de la lutte ancestrale entre le bien et le mal. La lutte éternelle entre Michel et le Dragon, « *l'antique serpent* » (Ap **12**, 7-9) qui a été vaincu pour toujours, mais qui refait surface comme « ennemi de la nature humaine ». « *Comment es-tu tombé du ciel, étoile du matin, fils de l'aurore ?* », prophétise Isaïe (Is **14**, 12). « *Mais tu as été précipité au shéol, dans les profondeurs de l'abîme* » (v.15). C'est cela la mémoire de l'humanité, l'héritage commun de tous les peuples et la révélation de Dieu à Israël. L'histoire humaine est une longue lutte entre la grâce et le péché. Mais cette mémoire commune a un visage concret : le visage des hommes et des femmes de nos peuples. Ce sont des anonymes dont les noms ne resteront pas gravés dans l'histoire. Leurs visages seront peut-être marqués par la souffrance et le rejet, mais leur inexprimable dignité nous parle d'un peuple qui a une histoire, une mémoire commune. C'est le peuple de Dieu.

La mémoire de l'Église : la Passion du Seigneur

Considérons maintenant la Passion du Seigneur. L'une des antiennes de la Fête-Dieu, composée par saint Thomas d'Aquin, dit : « On célèbre le mémorial de sa Passion » (*Recolitur memoria passionis ejus*). L'Eucharistie est mémoire de la Passion du Seigneur. C'est en elle que se trouve la victoire. L'oubli de cette vérité a parfois fait apparaître l'Église comme triomphaliste, mais la Résurrection ne se comprend pas sans la Croix. Dans la Croix se trouve l'histoire du monde :

- la grâce et le péché,
- la miséricorde et le repentir,
- le bien et le mal,
- le temps et l'éternité.

Dans les oreilles de l'Église résonne la voix de Dieu, telle qu'elle est exprimée par son Prophète : « *Ne crains pas, car je t'ai racheté* [...] *et je reviendrai te sauver* » (Is **43**, 1-21). « *Soyez forts et tenez bon* [...] car c'est Yahvé ton Dieu qui marche avec toi : il ne te délaissera pas et ne t'abandonnera pas. [...] *Ne crains pas, ne sois pas effrayé* » (Dt **31**, 6.8). Faire mémoire du Salut de Dieu, du chemin déjà parcouru, donne des forces pour l'avenir.

Par la mémoire, l'Église témoigne du Salut de Dieu. « *Ne crains pas : rappelle-toi donc ce que Yahvé ton Dieu a fait à*

Pharaon et à toute l'Égypte, les grandes épreuves que tes yeux ont vues, les signes et les prodiges [...] *par lesquels Yahvé ton Dieu t'a fait sortir. Ainsi fera Yahvé ton Dieu contre tous les peuples devant qui tu as peur* » (Dt **7,** 18-19). Le peuple de Dieu a été éprouvé dans le désert. Il y a été guidé par Dieu comme un fils par son père. Le conseil du Deutéronome est le même dans toute l'Écriture : « *Souviens-toi de tout le chemin que Yahvé ton Dieu t'a fait faire.* [...] *Comprends donc.*» (Dt **8,** 2...)

Personne n'est en mesure de comprendre quoi que ce soit s'il n'est pas capable de bien se souvenir, si la mémoire lui manque :

> « *Mais prends garde ! Garde bien ta vie, ne va pas oublier ces choses que tes yeux ont vues, ni les laisser, en aucun jour de ta vie, sortir de ton cœur ; enseigne-les au contraire à tes fils et aux fils de tes fils.* » (Dt **4,** 9)

Notre Dieu est jaloux de la mémoire que nous avons de lui, si jaloux qu'au moindre signe de repentir, il devient miséricordieux, se souvenant de « *l'alliance qu'il a conclue par serment avec tes pères* » (Dt **4,** 31).

En revanche, celui qui n'a pas cette mémoire se tourne vers les idoles. Adorer les idoles est la punition inhérente à ceux qui oublient (Dt **4,** 25-31) et cela conduit à l'esclavage : « *Puisque tu n'auras pas servi Yahvé ton Dieu dans la joie et le bonheur que donne l'abondance de toutes choses, tu serviras l'ennemi que Yahvé enverra contre toi* » (Dt **28,** 47-48). Seule la mémoire nous fait découvrir Dieu parmi nous et nous fait comprendre que toute solution salvatrice en dehors de Dieu est une idole (Dt **6,** 14-15, et **7,** 17-26). L'Église se remémore les miséricordes de Dieu et, à cause de cela, essaye d'être fidèle à la Loi. Les *Dix Commandements* que nous enseignons à nos enfants sont l'autre visage de l'Alliance, l'aspect juridique qui nous permet de mettre des repères humains à la miséricorde de Dieu. Quand le peuple est sorti d'Égypte, il a reçu la grâce. La Loi est le complément de la grâce reçue, l'autre face de la même médaille. Les commandements sont les fruits de la mémoire (Dt **6,** 1-12), et doivent donc être transmis de génération en génération :

> « *Lorsque demain ton fils te demandera : "Qu'est-ce donc que ces instructions, ces lois et ces coutumes que Yahvé notre Dieu vous a prescrites ?", tu diras à ton fils : "Nous étions esclaves de Pharaon, en Égypte, et Yahvé nous a fait sortir d'Égypte par sa main puissante.* [...] *Yahvé nous a ordonné de mettre en pratique toutes ces lois, afin de craindre Yahvé notre Dieu, d'être toujours heureux et de vivre, comme il nous l'a accordé jusqu'à présent."* » (Dt **6**, 20-24)

La mémoire nous lie à une tradition, une norme, une loi vivante, gravée dans le cœur : « *Ces paroles que je vous dis,* [...] *attachez-les à votre main comme un signe* » (Dt **11,** 18). C'est ainsi que Dieu garde dans son cœur et dans son être le « cadeau », le « projet » du Salut.

Le fondement de ce devoir de l'Église, et de chacun de nous, de faire vivre la mémoire, vient précisément de cette assurance : le Seigneur se souvient de moi, il me garde dans son amour. C'est pourquoi notre prière doit être marquée par le souvenir. C'est la prière de l'Église qui garde toujours présent à l'esprit le Salut de Dieu le Père, opéré par le Fils, dans l'Esprit Saint. Dans le *Credo,* on ne retrouve pas seulement un résumé des vérités chrétiennes, mais aussi de l'histoire de notre Salut : « Il est né de la Vierge Marie», « a souffert sous Ponce Pilate », « a été crucifié », « est ressuscité ».

Notre *Credo* est ainsi le prolongement et le témoin de l'histoire de la foi d'Israël qui priait ainsi en allant présenter ses offrandes au Seigneur : *« Mon père était un Araméen errant qui descendit en Égypte.* [...] *Nous avons fait appel à Yahvé le Dieu de nos pères. Yahvé entendit notre voix* [...], *nous fit sortir d'Égypte* [...] *et nous a donné cette terre »* (Dt **26**, 5-9). La mémoire est une grâce que nous devons demander. Il est si facile d'oublier, surtout quand nous sommes repus.

> *« Lorsque Yahvé ton Dieu t'aura conduit au pays qu'il a juré à tes pères, Abraham, Isaac et Jacob, de te donner, aux villes grandes et prospères que tu n'as pas bâties, aux maisons pleines de toutes sortes de biens, maisons que tu n'as pas remplies, aux puits que tu n'as pas creusés, aux vignes et aux oliviers que tu n'as pas plantés, lors donc que tu auras mangé et que tu te seras rassasié, garde-toi d'oublier Yahvé qui t'a fait sortir du pays d'Égypte, de la maison de servitude. »* (Dt **6**, 10-12)

> *« Garde-toi d'oublier Yahvé ton Dieu en négligeant ses commandements* [...]. *Quand tu auras mangé et te seras rassasié, quand tu auras bâti de belles maisons*

et les habiteras, quand tu auras vu multiplier ton gros et ton petit bétail, abonder ton argent et ton or, s'accroître tous tes biens, que tout cela n'élève pas ton cœur ! N'oublie pas alors Yahvé ton Dieu qui t'a fait sortir du pays d'Égypte, de la maison de servitude. » (Dt **8,** 11-14)

Il faut demander la grâce de la mémoire pour savoir comment faire le bon choix entre la vie et la mort : « *Regarde, j'ai mis aujourd'hui devant toi la vie et le bien, la mort et le mal* » (Dt **30**, 15-20, et aussi **11**, 26 et tout le chapitre **28**). Nous devons faire ce choix quotidien entre le Seigneur et les idoles. Cette mémoire nous rendra aussi miséricordieux parce que nous entendrons dans nos cœurs cette grande vérité : « *Tu te souviendras que tu as été en servitude au pays d'Égypte* » (Dt **15**, 15).

Et puisse le Seigneur accorder à son Église la grâce qu'il a concédée à Moïse, le guide de notre mémoire : « *Son œil n'était pas éteint, ni sa vigueur épuisée.* » (Dt **34**, 7) Pourvu que nos idoles modernes, qui n'ont jamais d'histoire mais sont « présentes », ne nous ôtent pas la vue de la mémoire ! Là est notre amour de jeunesse (Jr **2**, 1-13). Pourvu que nous n'entendions jamais les paroles du Seigneur à l'ange de l'Église d'Éphèse : « *Mais j'ai contre toi que tu as perdu ton amour d'antan.* » (Ap **2**, 4)

La Vierge Marie, qui « *conservait avec soin toutes ces choses dans son cœur* » (Lc **2**, 19), nous apprendra la grâce de la mémoire si nous savons le lui demander humblement. Elle, comme la mère du livre des Maccabées, saura nous parler dans notre « langue maternelle » (cf. 2 M **7**, 21-26), la langue de nos pères, que nous avons appris à parler dans les « *pristinos dies* » (les premiers jours). Que jamais ne nous fassent défaut l'affection et la tendresse de Marie qui murmure à nos oreilles la parole de Dieu dans la langue de notre famille. De là, viendra la force qui nous donnera de mépriser les flatteries du Malin et de nous moquer de lui.

L'épouse du Seigneur

> *« Or voici son commandement : croire au nom de son Fils Jésus Christ et nous aimer les uns les autres comme il nous en a donné le commandement. »* (1 Jn **3**, 23).

Jésus *établit* l'Église, et nous, nous *nous établissons* dans l'Église.

Or, le mystère de l'Église est intimement lié au mystère de Marie, Mère de Dieu et Mère de l'Église. Marie nous engendre et prend soin de nous. L'Église aussi. Marie nous fait grandir, l'Église aussi. Et à l'heure de la mort, le prêtre nous accompagne au nom de l'Église, et nous dépose dans les bras de Marie. *« Une Femme ! Le soleil l'enveloppe, la lune est sous ses pieds et douze étoiles couronnent sa tête »* (Ap **12**, 1). C'est l'Église et c'est la Vierge que révère notre peuple fidèle. Donc, lorsque nous parlons de l'Église, nous devons ressentir la même dévotion que pour la Vierge Marie. « Sainte Mère l'Église hiérarchique » (E.S., 353) telle était l'expression chère à saint Ignace. L'expression même évoque trois concepts interdépendants :

- celui de la sainteté,
- celui de la fécondité,
- et celui de la discipline.

Nous sommes nés à la sainteté dans un corps saint, celui de notre Sainte Mère l'Église, et c'est dans le fait de nous maintenir avec fermeté à l'intérieur de ce corps que se joue notre vocation à être *« saints et irréprochables devant sa face »*, ainsi que notre fécondité apostolique.

L'Église est sainte, elle subsiste dans le monde « comme un signe à la fois opaque et lumineux d'une nouvelle présence de Jésus, de son départ et de sa permanence. Elle le prolonge et le continue. » (E.N., n° 15). La sainteté de l'Église, « sa vie intime – vie de prière, écoute de la Parole et de l'enseignement des Apôtres, charité fraternelle vécue, pain partagé – n'a tout son sens que lorsqu'elle devient témoignage, provoque l'admiration et la conversion, se fait prédication et annonce de la Bonne Nouvelle » *(ibid.)*. Sa sainteté n'est pas naïve : elle se sait « Peuple de Dieu immergé dans le monde, et souvent tenté par les idoles, elle a toujours besoin d'entendre proclamer les grandes œuvres de Dieu qui l'ont convertie au Seigneur, d'être à nouveau convoquée par lui et réunie » *(ibid.)*.

Les Pères ont exprimé ce mystère de la sainteté de l'Église tentée par les idoles et l'ont appelée la *casta meretrix* (chaste pécheresse). La sainteté de l'Église se reflète sur le visage de Marie, celle qui est sans péché, pure et sans tache, mais elle n'oublie pas qu'elle regroupe en son sein les enfants d'Ève, mère des hommes pécheurs.

Il existe une abondante littérature théologique sur la sainteté et, par ses canonisations, l'Église, infailliblement assistée par l'Esprit, met en jeu un ensemble de critères que nous connaissons tous. Dans notre jargon clérical, nous plaisantons souvent avec l'utilisation méticuleuse du terme « saint », et nous disons, avec un sourire, « cette sainte maison », « les saintes coutumes ». Mais il est vrai aussi que lorsque nous voulons donner – avec joie – un jugement définitif sur quelqu'un, et que nous disons : « Cet homme est un saint », nous le faisons en abandonnant nos nombreuses idoles, nous agenouillant devant le mystère de Dieu et de sa bonté infinie qui habitent cet homme.

L'amour et la dévotion envers notre Mère l'Église, c'est l'amour et la dévotion à chacun de ses enfants en particulier, et nous avons beaucoup de ces saints dans notre Église, nous en rencontrons chaque jour : dans la vie de nos paroisses, au confessionnal, dans la direction spirituelle. Je me demande souvent si la critique acerbe de l'Église, la peine ressentie face à ses nombreux péchés, le désespoir qui parfois surgit à son propos, ne viennent pas du fait que nous ne nous nourrissons pas suffisamment de cette proximité avec la sainteté, qui réconcilie, parce qu'elle est la visite de Dieu à son peuple.

En nous, la sainteté se manifeste par notre zèle évangélisateur

> Il faut que notre zèle évangélisateur jaillisse d'une véritable sainteté de vie alimentée par la prière et surtout par l'amour de l'eucharistie, et que, comme nous le suggère le concile de Vatican II, la prédication à son tour fasse grandir en sainteté le prédicateur (*E.N.*, n° 76).

Le zèle évangélisateur fait le lien entre la maternité et la sainteté de l'Église, entre notre sainteté d'hommes consacrés et la fécondité de la formation des cœurs chrétiens. On peut ici réfléchir à ces questions que Paul VI nous pose, sachant que nous sommes tous responsables des réponses que l'on pourrait donner à ces interrogations :

> Qu'en est-il de l'Église [cinquante] ans après la fin du Concile ? Est-elle ancrée au cœur du monde et pourtant assez libre et indépendante pour s'adresser au monde ? Fait-elle preuve de solidarité avec les hommes et témoigne-t-elle en même temps de l'absolu de Dieu ? Est-elle plus ardente dans la contemplation et l'adoration et plus zélée dans l'action missionnaire, caritative, libératrice ? Est-elle toujours plus engagée dans les efforts qui cherchent à rétablir la pleine unité des chrétiens, laquelle rend plus efficace le témoignage commun « afin que le monde croie » ? *(Ibid.)*.

Parler de la Sainte Mère l'Église évoque la *fécondité*. Souvent, nous faisons preuve de scepticisme face à l'espérance de fécondité, comme en son temps Sara rit sous cape lorsqu'on lui promit un fils. D'autres fois, cependant, l'euphorie nous gagne et nous nous prenons, d'une certaine façon, à quantifier et à planifier cette fécondité, répétant alors le péché de David dont la vanité l'avait poussé à recenser son peuple.

La fécondité de l'Évangile emprunte d'autres voies. Elle est comme la certitude que le Seigneur ne nous abandonne pas et qu'il respecte sa parole de demeurer avec nous jusqu'à la fin du monde. Il s'agit d'une fertilité paradoxale : être fécond et, en même temps, ne jamais s'en rendre vraiment compte. Et cela sans être inconscient !

Je me souviens d'une phrase d'un prêtre argentin, le père Matías Crespi, infatigable missionnaire en Patagonie, qui se faisait déjà vieux. Il disait : « J'ai volé ma vie », laissant entendre qu'il lui semblait ne jamais rien avoir fait pour le Seigneur. C'est la fécondité de la rosée qui humecte sans bruit. C'est la fécondité appuyée sur une foi qui demande des preuves, mais qui accepte que ces preuves ne soient pas définitives. Telle est la preuve du « passage du Seigneur » qui nous console (*E.S.*, 224), qui nous fortifie dans la foi, et qui nous laisse dans nos missions d'intendants pour que notre fidélité l'espère *« jusqu'à ce qu'il revienne »*.

L'Église est une mère, elle engendre des enfants avec la force du dépôt de la foi. Elle est « dépositaire de la Bonne Nouvelle à annoncer. Les promesses de l'Alliance Nouvelle en Jésus Christ, l'enseignement du Seigneur et des Apôtres, la Parole de vie, les sources de la grâce et de la bénignité de Dieu, le chemin du salut, tout cela lui a été confié. Un trésor qu'elle garde comme un dépôt vivant et précieux, non pour le tenir caché mais pour le communiquer » (*E.N.*, n° 15), c'est-à-dire pour donner naissance ! Elle engendre ses enfants dans une fidélité continue à son Époux, puis les envoie « prêcher non leurs propres personnes ou leurs idées personnelles, mais un Évangile dont ni eux ni elle ne sont maîtres et propriétaires absolus pour en disposer à leur gré, mais dont ils sont ministres pour le transmettre avec une extrême fidélité » *(ibid.)*. Sa loyauté envers l'Époux fidèle par excellence nous éduque à une fertilité fidèle.

Vouloir porter du fruit est un désir légitime, mais l'Évangile a ses propres lois pour légitimer notre activité. C'est comme s'il nous disait, tu seras fécond :

- si tu défends jalousement ta condition de simple ouvrier,
- si tu harmonises ton engagement avec la conscience de ton inutilité,
- si, au fond, tu admets que tu dois labourer la terre, semer les graines tout en étant convaincu que l'irrigation et la récolte sont des grâces qui appartiennent au Seigneur.

Il nous faut aimer le mystère de fécondité de l'Église comme on aime le mystère de Marie, Vierge et mère. Á la lumière de cet amour, aimons le mystère de notre état de serviteurs inutiles, avec l'espérance que le Seigneur nous adresse cette parole : « *Bon et fidèle serviteur*... »

Notre amour pour l'Église est un amour d'union à un Corps, et cela exige une certaine *discipline*. On pourrait exprimer cela en disant que, d'une certaine façon, cela répond à la formule *discreta caritas* (une charité pleine de discernement). Pour un prêtre ou un évêque, ne pas faire preuve de discipline, c'est faire preuve d'indiscrétion, c'est-à-dire manquer de discernement, et l'indiscrétion est toujours un manque d'amour.

L'amour discret nous aide à grandir en ayant « pleinement conscience d'appartenir à une grande communauté que ni l'espace ni le temps ne sauraient limiter » (*E.N.*, n° 61). Ce sentiment d'appartenance nous fait comprendre la mission pour laquelle nous sommes envoyés, la mission d'évangéliser :

> Évangéliser n'est pour personne un acte individuel et isolé, mais c'est un acte profondément ecclésial. Lorsque le plus obscur prédicateur, catéchiste ou pasteur, dans la contrée la plus lointaine, prêche l'Évangile, rassemble sa petite communauté ou confère un sacrement, même seul, il fait un acte d'Église et son geste se rattache certainement, par des rapports institutionnels, mais aussi par des liens invisibles et par des racines souterraines de l'ordre de la grâce, à l'activité évangélisatrice de toute l'Église. Cela suppose qu'il le fasse, non pas par une mission qu'il s'attribue, ou par une inspiration personnelle, mais en union avec la mission de l'Église et en son nom. (*E.N.*, n° 60)

Ainsi apparaît la racine de notre discipline, dans le fait que :

> Aucun évangélisateur n'est le maître absolu de son action évangélisatrice, avec un pouvoir discrétionnaire, pour l'accomplir suivant des

> critères et perspectives individualistes, mais en communion avec l'Église et ses Pasteurs *(ibid.)*.

Notre adhésion au Royaume « ne peut pas demeurer abstraite et désincarnée, mais se révèle concrètement par une entrée palpable, visible, dans une communauté de fidèles » (*E.N.*, n° 23).

> L'Église sacrement visible du Salut, signe visible de la rencontre de Dieu qu'est l'Église de Jésus Christ, et cette communion s'exprime à son tour par la mise en œuvre de ces autres signes du Christ vivant et agissant dans l'Église que sont les sacrements. (*E.N.*, n° 28).

Notre adhésion au Royaume, par conséquent, doit nous faire pénétrer dans le côté du Christ endormi sur la croix, d'où naît son Épouse, Mère féconde d'un Corps discipliné qu'elle nourrit par les sacrements.

> Il y a donc un lien profond entre le Christ, l'Église et l'évangélisation. Pendant ce temps de l'Église, c'est elle qui a la tâche d'évangéliser. Cette tâche ne s'accomplit pas sans elle, encore moins contre elle. (*E.N.*, n° 16)

C'est une « dichotomie absurde » que de prétendre « aimer le Christ mais sans l'Église, écouter le Christ mais non l'Église, être au Christ mais en dehors de l'Église » *(ibid.)*. La discipline n'est ni un élément de décoration ni une gymnastique de bonnes manières. Un cœur indiscipliné peut devenir « l'homme trouble » dont parle saint Ignace, ces hommes qui ne maîtrisent pas leurs passions, et par conséquent peuvent semer la désunion, diviser et trahir afin de gagner quelques adeptes, établir un état d'injustice par une continuelle attitude pharisaïque au sein d'une communauté ou d'un diocèse.

Je voulais parler dans cette méditation de l'amour de la « Sainte Mère Église hiérarchique ». Nous avons pris conscience qu'il est de notre propre responsabilité d'être des enfants de l'Église et, à la fois, de faire Église. Notre amour pour l'Église doit nous conduire à en témoigner devant le monde, à témoigner de sa sainteté, de sa fécondité et de sa discipline qui est d'être tout entière unie au Christ et, comme le dit le concile de Vatican II, « la parole de Dieu écoutée religieusement et proclamée avec assurance » (*Dei Verbum religiose audiens et fidenter proclamans*).

Que Notre-Dame, la Vierge Mère, nous obtienne du Seigneur un saint amour, fécond et discipliné, pour l'Église !

Table des Matières

Achevé d'imprimer en France
par Herissey en mars 2013

www.magnificat.com